철학 라이더를 위한
개념어 사전

철학라이더를 위한
개념어 사전

서양철학의 역사를 움직인 주요 개념 80

| 조광제 지음 |

생각
정원

{ 프롤로그 }

삶을 고뇌하는 라이더를 위한 철학 안내서

단 한번 주어진 인생을 제대로 살려고 하다 보면 작은 일에서부터 큰 일에 이르기까지 궁금하지 않은 것은 단 하나도 없다고 해도 과언이 아니다. 이른바 육하원칙이라고 해서 '누가? 무엇을? 언제? 어디서? 어떻게? 왜?'라는 의문사들을 앞세운 질문 형식이 정착된 것은 이런 궁금증이 삶을 구성하는 데 얼마나 근본적인가를 말해준다.

궁금증이 강렬해지면 고뇌로 이어진다. 나로 하여금 고뇌하지 않으면 안 되게 하는 사안은 그만큼 근본적일 것이다. 고뇌의 강도와 밀도가 어떠한가에 따라 그리고 고뇌의 방향이 어디를 향해 있는가에 따라 삶의 내용이 달라진다. 경우에 따라서는 하루하루의 끼니를 해결하는 것조차 쉽지 않기에 고뇌가 이루어질 수도 있다. 어떤 경우에는 여지없이 자존심을 뭉개버리는 상황이 벌어지면서 지독한 자괴감을 수반하는 고뇌가 이루어질 수도 있다. 그런가 하면 객관적으로 볼 때는 전혀 고뇌할 일이 아닌 것 같은 일에 오히려 삶 전체를 걸고서 고뇌할 수도 있다.

흔히 철학을 반성에서부터 시작된다고 하지만 그 반성의 바탕은 고뇌가 아닐 수 없다. 고뇌한다고 해서 반성에서부터 주어지는 대상과의 거리를 유지하지 못하는 것은 아니다. 반성은 반성되는 대상과의 거리를 유지하는 데 반해 고뇌는 그런 거리를 유지하면서도 그 거리를 넘어서서 대상과 한데 얽히는 이중적인 운동을 수행한다. 고뇌는 반성과 달리 사유의 한계를 넘나들면서 이른바 몸 전체를 동원하게 된다. 고뇌가 없이는 반성을 할 필요가 없고 그 반성조차 실효를 거둘 수 없다.

철학은 삶에 대한 고뇌로부터 시작된다. 반성은 그저 임시로 필요한 수단일 뿐이다. 철학적인 고뇌는 존재 자체 혹은 삶 자체의 막연함에서부터 시작된다. 현실적으로는 화려하기 이를 데 없는, 이른바 사회 역사적인 온갖 무늬들이 아르새겨져서 역동하고 있는데도 근원적으로는 그저 막연할 뿐이라는 이중적인 절절한 느낌이 철학적 고뇌를 이끈다.

하지만 철학적 고뇌에 둘러 빠져 있어서는 그 고뇌를 풀어낼 길을 찾기가 쉽지 않다. 그 고뇌의 정체를 풀어내고, 그럼으로써 새로운 삶의 좌표를 얻기 위해서는 반드시 반성을 해야 한다. 고뇌가 철학의 원동력이라면 반성은 철학의 필수적인 방편이다. 철학적 반성의 결과는 철학적 고뇌의 정체를 풀어내는 데 도움을 주면서 결국에는 철학적 고뇌의 폭과 깊이를 더하게 될 것이다.

철학적 반성의 결과들 중 가장 기초적인 것이 바로 철학적인 개념들이다. 철학적인 개념들은 여느 다른 개념들, 예컨대 물리학이나 사회학 혹은 예술학이나 종교학 등에서 활용되는 학문적인 개념들의 기초로서 작동한다. 그뿐만 아니라 철학적인 개념들은 우리가 일상의 삶을 살면서 활용하지 않으면 안 되는 뭇 경험적인 개념들에 대해서도 기초로서 작동한다.

현실적으로 볼 때 개인의 삶은 사회 역사적인 공동의 삶을 떠나서 영위될 수 없을 뿐만 아니라 아예 존립할 수조차 없다. 사회 역사적인 여러 상황들을 이해하고 설명할 수 없다면 나의 삶을 이해하고 설명할 수 없다. 하지만 이미 늘 새롭게 주어지는 현실의 상황들에 대해 제대로 알기 쉽게 이해하고 설명하는 것은 결코 쉬운 일이 아니다. 나름대로 정확하게 이해하고 설명한다고는 하지만 혼돈된 상태로 얽혀 있기 십상이다.

하나의 설명과 이해가 혼돈된 상태에서 제대로 질서를 갖춘 상태로 나아가기 위해서는 먼저 관련되는 기초 개념들을 정확하게 이해해야 한다. 흔히 혼돈은 '카오스'고 질서를 갖춘 것은

'코스모스'라고 한다. 과연 '카오스'는 무엇이고 '코스모스'는 무엇인가? 이를 근본에서부터 파악하는 것은 철학의 몫이다. 그뿐만 아니라 흔히들 말을 하고 그 말을 이해하고 또 그렇게 이해된 말을 바탕으로 자기 나름의 말을 한다고 할 때 그 말이 제대로 기능하고 정확한 의미를 갖기 위해서는 그 말을 할 때 그 말을 하고 이해하는 당사자들이 거기에서 활용되는 기초 개념들에 대해 가능한 한 정확하게 파악하고 있어야 한다. 그래야만 올바른 소통이 이루어지고 올바른 소통을 통해서 바람직한 효과를 낳을 수 있는 행동을 할 수 있게 된다. 철학은 '설명'이 무엇인지, '이해'가 무엇인지, 그리고 '바람직함'이 무엇인지, '효과'가 무엇인지, 또 '행동'이 무엇인지 등을 근본에서부터 알고자 한다. 심지어 이런 것들에 대한 '앎 자체'가 무엇인지를 알고자 한다.

하나의 대대적인 사건이 일어나면 그 사건의 본질을 꿰뚫어 이해하고 설명할 수 있어야 한다. 그럼으로써 향후 일어날 가능성이 가장 높은 일이 무엇인가를 예측할 수 있어야 한다. 그런데 그런 이해와 설명 그리고 예측은 결코 쉬운 일이 아니다. 예컨대 북한에서 김정일 위원장이 사망하여 김정은이 권력을 승계한다든지, 몇 년 전 미국에서 발단한 경제위기가 이제 그리스를 중심으로 유럽연합의 재정위기로 심화되고 그 결과 세계 자본주의 전체의 위기를 자아낸다든지, 총선과 대선이 연이어 있을 2012년 올해의 한국 정치에서 기존의 정당정치를 위협하는 대대적인 흐름이 일어나 당명을 바꾸면서까지 정당들을 몸부림치게 한다든지 하는 등의 대대적인 사건들을 제대로 이해하고 설명하는 것은 얼마나 어려운 일인가.

  비단 대대적인 특별한 사건만 그런 것이 아니다. 겉으로 보기에는 사소한 사건도 제대로 깊이 있게 알고 보면 대단히 중요한 사건일 수도 있음을 우리는 잘 안다. 굳이 나비 효과를 들먹이지 않더라도 사소한 사건이 발단이 되어 대대적인 큰 사건이 일어난다는 것은 어쩌면 역사의 기본적인 법칙이라 해도 과언이 아니다.

  인생은 사건의 연속이다. 앞서 말한 것처럼 인생은 결코 나 혼자서 사는 것이 아니다. 나의 삶은 내가 태어나기 전부터 주어져 있으면서 계속 새롭게 다변화해나가는 사회 역사적인 전체 환경과 영향을 주고받음으로써 영위된다. 나와 나 아닌 것들 간의 부단한 상호작용이 곧 삶의 역정인 것이다. 그러고 보면 나, 즉 '자아'는 무엇이며, 나 아닌 것, 즉 '타자'는 무엇이며, '자아와 타자의 관계'는 근본적으로 어떻게 이루어지는지는 어쩌면 인생을 논할 때 가장 근본적인 기초 개념들이 아닐 수 없는 것이다.

내가 나이고자 하는 것을 존재하는 모든 것들에 확대시킬 수 있다. 존재하는 모든 것들은 늘 자기이고자 한다. 그리고 그렇게 자기이고자 할 때 항상 자기가 아닌 것들과 영향을 주고받는다. 자기임을 전문적으로 '자성(自性)'이라고 하고, 자기가 아닌 것을 '타자(他者)'라 하고, 타자들과 영향을 주고받는 관계를 '대타적(對他的)'이라 하고, 그런 대타적인 관계를 통해 자기에게 형성된 것을 '대타성(對他性)'이라고 한다. 존재하는 모든 것들이 자신의 존재를 유지한다는 것은 결국 자성과 대타성의 관계를 통해서만 가능하다.

　이렇듯 인생에서 기초적으로 작동하는 주요 개념들은 한두 가지가 아니다. 그런데 그 개념들 역시 존재하는 것이기에 그 나름의 존재, 즉 그 나름의 자성을 확보하고자 한다. 그런데 그 나름의 자성을 확보하기 위해서는 반드시 다른 개념들과 관계를 갖지 않을 수 없다. 즉 대타성을 통하지 않고는 하나의 개념이 성립할 수 없다. 따라서 하나의 개념을 이해할 때 다른 개념들을 사용할 수밖에 없다. 여러 다른 개념들로써 하나의 개념을 이해해야 하기 때문에 엄밀하게 말하면 개념은 완전하게 설명될 수도 없고 이해될 수도 없다. 설명되어야 할 개념(被說明項)을 설명해주는 개념들(說明項) 역시 다시 설명되어야 할 개념(被說明項)들이기 때문이다.

이제까지 대략 설명했지만 철학적인 기초 개념들을 알면 사태를 정확하게 파악하는 데 크게 도움이 된다. 모든 사태들이 의미를 갖는 것은 인간들을 통해서이고 특히 그 인간들의 말을 통해서다. 철학적인 기초 개념들을 바탕에 깔지 않고는 그런 말이 이루어질 수 없다. 그뿐만 아니라 철학적인 기초 개념들을 가능한 한 정확하고 깊이 있게 그리고 폭넓게 이해하고 있으면 인류가 형성·축적해온 온갖 예술 문화적인 보고寶庫들을 내 삶의 자양분으로 삼는 데 크게 도움이 된다. 여러 장르의 문헌들에서 예사로 쓰이는 것이 철학적인 기초 개념들이 아닌가. 따라서 철학적인 기초 개념들을 익히면 그 문헌들의 맥락을 더 정확하게 이해하여 우리 삶을 더욱 살지게 하는 데 크게 도움이 될 것이다. 근본적으로 보면 철학의 기초 개념들은 수천 년 인류의 지식과 고민의 축적물로, 인간 사유의 기초적인 뼈대를 형성하고 있다. 그래서 오늘날의 정치와 경제, 문화와 예술 등 우리사회를 둘러싼 모든 사유의 열쇠를 발견하는 데 실마리가 될 것이다. 말하자면 철학적인 기초 개념들을 익힌다는 것은 모든 사유를 위한 기초적이면서 근본적인 두뇌 체조라 할 수 있다.

우리 모두 철학적인 기초 개념들을 익혀서 나의 개인적인 삶을 풍부하고 깊이 있게 할 뿐만 아니라 우리 민족공동체의 삶을, 나아가 전 인류적인 공동체의 삶을 풍부하고 깊이 있게 하는 데 기여해야 할 것이다. 공동체의 삶이 없이는 나의 삶이 없고, 나의 삶이 없이는 공동체의 삶이 없다고 하는 근본적인 사태를 정확하게 이해하고 실천하는 데도 철학적인 기초 개념들에 대한 이해가 필수적이다.

소략한 이 책은 저자가 일해 온 '철학아카데미'에서 2011년 봄 학기에 진행한 강의를 바탕으로 했다. 따라서 책의 문장들 중에 실제 강의 상황을 느끼게 하는 대목이 나오더라도 괘념치 마시길 바란다. 당시 강의에 참여한 많은 수강생에게 특별히 고마운 마음을 전한다. 그리고 이를 알고서 책으로 출판하자는 제안을 하고, 또 애써 멋진 책을 만들어준 출판사 '생각정원'의 대표 박재호 선생께 마찬가지로 고마운 마음을 전한다.

2012년 녹번동에서
저자 조광제

{ 프롤로그 } 삶을 고뇌하는 라이더를 위한 철학 안내서 · · · · · · · · · · · 004

1장 | 기초 편 |
카오스에서 코스모스로, 개념들의 탄생 · · · · · · · · · · · · 014
카오스 | 코스모스 | 원소 | 생성 | 일자
형상 | 질료 | 게네시스 | 코라 | 운동

2장 | 존재 편 |
둥근 사각형, 상상 너머에 존재하다 · · · · · · · · · · · · · · · · 052
존재 | 무 | 본질 | 현상 | 현존
개별자 · 보편자 | 가능태 · 현실태 | 완전태

3장 | 인식 편 |
존재 중심에서 사유 중심으로 · 090
코기토 | 자아 · 주체 | 실체 · 대상 | 관념
연상 | 감각 | 개념 | 이성

4장 | 관계 편 |
우연인가 필연인가 · 132
본성의 운동 | 인과성 | 필연성 | 목적 | 결정론
동기 | 편위 | 코나투스 | 충동 | 습관

5장 | 경험 편 |

내가 보는 세계는 진짜일까? ·················180

경험 | 초월·내재 | 선험성·초월론성 | 의식
실질적 선험성 | 형식·내용 | 구성

6장 | 언어 편 |

인생은 역설이다 ························218

판단 | 명제 | 규정 | 속성 | 역설 | 범주
언어·기호 | 기표·기의

7장 | 현상 편 |

사물로서의 인간, 상황으로서의 인간 ···········254

지각 | 대상·지평 | 상황·세계
도구·사물 | 지향성 | 실존 | 시간성

8장 | 신新 존재 편 |

동일성과 차이, 다양성으로 하나가 되다 ·········286

차이·동일성 | 다양성과 주름 | 탄성 | 차연 | 다양태로 본 두뇌·몸
현존벡터·수렴, 응축과 확산, 분절·흐름, 떨림, 긴장

{ 나오며 } 개념들을 무기로 삶의 지평을 넓혀라 ················319
{ 인명·도서명 색인 } ·······························321

{ 1장 }

카오스에서 코스모스로, 개념들의 탄생

| 기초 편 |

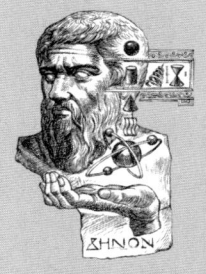

철학의 시작점, 아니 세상의 시작점은 카오스였다. 무정형의 상태인 카오스에서 정형의 상태인 코스모스가 생겨났다. 하지만 카오스가 따로 있고 코스모스가 따로 있는 것은 아니다. 철학의 여명기에 등장한 고대 그리스의 위대한 철학자들은 카오스에서 코스모스를 찾아내고 그 둘 사이에 철학의 뼈대를 세웠다.

카오스

다들 알다시피 카오스^{chaos}는 코스모스^{cosmos}와 대립된다. 그런데 카오스는 코스모스에 비해 신화적인 성격이 강하다. 카오스는 헤시오도스$^{Hesiodos, BC 8~7세기}$의 《신통기^{Theogony}》에 처음 등장한다고 할 수 있다. 여기서 카오스는 모든 신이 태어나는 모태다. 땅과 하늘, 어둠과 밝음, 낮과 밤 등 올림포스 12신 이전의 시원적인 신들이 카오스에서 태어난 것으로 되어 있다.

이런 카오스가 철학적으로 전이된 것이 아낙시만드로스$^{Anaximandros, BC 610~546세기}$의 '무한자$^{아페이론 apeiron}$'라 할 수 있다. 아낙시만드로스는 무한자에서 모든 것이 생겨난 것으로 본다. '아페이론'은 '페라스^{peras}' 즉 한계가 없다는 뜻이다. 한계는 어떤 형태를 만들어내는 근본 요인이다. 카오스를 흔히 '혼돈'이라고 하지만 그 특성은 바로 무정형$^{無定型, formlessness}$이다. 형태가 없다는 것은 아직 무엇이라고 말할 수 있는 내용이 전혀 없다는, 즉 인식할 거리가 전혀 없다는 뜻이다.$^{이에 관해서는 나중에 '형상形相, eidos, form'에 대한 설명을}$ $_{통해 더욱 세밀하게 생각해보도록 하자.}$ 말하자면 카오스는 혼돈된 것이기 때문에 무정형한 것이 아니라 무정형하기 때문에 혼돈된 것이다.

무정형하다는 것은 그 속에 통일성을 갖춘 것이 아무것도 없다는 의미다. 통일성을 갖추었다는 것은 주변의 다른 것들과 구분되면서 그 나름으로 하나의 단위를 이룬다는 것이다. 카오스에서 통일성을 갖춘 것을 전혀 찾을 수 없다는 것은 카오스에서 의미와 가치 그리고 그에 따른 목적 등을 전혀 찾을 수 없다는 뜻이다. 의미와 가치 그리고 목적은 인간을 비롯한 상상 가능한 모든 인격적인 존재^{예컨대 신, 천사, 악마 등}의 삶을 구성하는 기본적인 요인들이다.

따라서 카오스는 인간뿐만 아니라 인간의 상상에서 빚어지는 모든 인격적인 존재를 넘어선 '그 너머의 존재'를 가리킨다. 인간의 인식과 판단을 전혀 허용하지 않는 가장 최초의 근원적인 존재가 바로 카오스다. 그리고 존재하는 모든 것의 바탕에 근본적으로 깔려 있는 존재가 바로 카오스다. 그래서 카오스는 존재론에서 가장 심층의 깊이를 지닌 심연으로서 작동한다. 인간을 넘어서 있으면서 동시에 인간을 비롯해 모든 존재를 안팎으로 관통하고 있는 근본적인 존재가 바로 카오스다.

카오스를 생각한다는 것은 존재론의 출발이다. 하지만 카오스를 생각한다는 것은 생각할 수 없는 것을 생각하는 것이다. 이는 생각을 넘어선 곳에서 존재론이 출발한다는 것을 가리킨다. 인간은 자신을 형성한 근원적인 바탕으로 되돌아가고자 하는 충동을 지니고 있다. 그 충동은 바로 존재론적인 근본 충동이다.

철학사에서 이 충동은 사회 역사적인 코드 체계를 완전히 벗어나 발가벗은 사물 자체 혹은 실재 자체의 영역으로 돌아가고자 하는 것으로 바뀌었다. 카오스는 플라톤[Platon]의 게네시스, 아리스토텔레스[Aristoteles, BC 384~322세기]의 순수 질료, 칸트[Immanuel Kant, 1724~1804]의 물자체, 베르그송[Henri Bergson, 1859~1941]의 순수 지속, 사르트르[Jean Paul Sartre, 1905~1980]의 순수즉자, 메를로퐁티[Maurice Merleau-Ponty, 1908~1961]의 살, 레비나스[Emmanuel Levinas, 1906~1995]의 일리야, 라캉[Jacques Lacan, 1901~1981]의 실재, 들뢰즈[Gilles Deleuze, 1925~1995]의 기관들 없는 몸 등의 개념으로 이어지면서 그 원형의 역할을 한다. 그런 만큼 카오스는 존재론에 있어서 대단히 중요한 근본 개념이자 우리 인간의 근원적인 충동을 부채질하는 근본 개념이라 할 것이다.

이와 관련해서 예술 분야의, 예를 들면 2차 세계대전 후에 생겨난 앵포르멜 유파를 들 수 있다. '앵포르멜'은 'informel'이라는 프랑스어를 우리말로 표기한 것으로 형태 혹은 형식이 없는 예술 양식을 일컫는다. 1950년대 말에 우리나라에 도입되어 크게 융성한 것이 앵포르멜 회화 양식인데, 이는 대체로 물감 자체의 원형적인 질감과 우발성에 의존해서 그려내는 그림이다. 회화에서 앵포르멜은 질서 잡힌 의미나 가치를 찾을 수 없는 한계 상황에서 느끼는 막연함을 그 자체로 표현하고자 한다. 그 바탕은 카오스다. 카오스를 향한 존재론적인 욕망이 예술적으로 표현된 것이 바로 앵포르멜 미술 양식인 것이다.

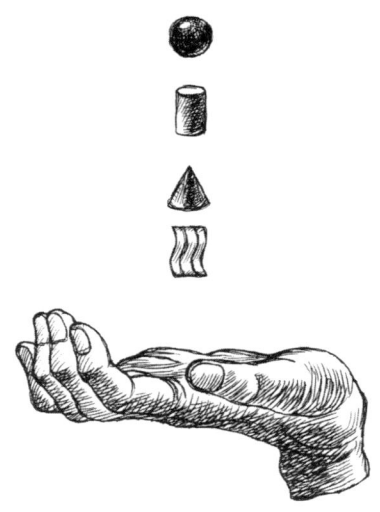

코스모스

 우주 발생론에 의하면 카오스에서 코스모스가 생겨난다. 하지만 카오스가 따로 있고 코스모스가 따로 있는 것은 아니다. 엄격하게 말하면 카오스가 코스모스로 변한 것이다. 카오스가 코스모스로 변한다는 것은 무정형의 상태에서 정형의 상태로 된다는 뜻이다. 이는 카오스 전체가 그 자체로 단 하나의 정형이 된다는 것이 아니라 무정형의 카오스가 형태를 갖춘 온갖 것들이 된다는 것이다. 그러니까 코스모스는 일정한 형태를 갖춘 온갖 것들의 전체를 일컫는다 할 수 있다.

 일정한 형태를 갖춘다는 것은 일정한 본성nature을 갖는다는 의미다. 예컨대 돌의 형태를 갖춘다는 것은 돌의 본성을, 식물의 형태를 갖춘다는 것은 식물의 본성을, 동물의 형태를 갖춘다는 것은 동물의 본성을, 인간의 형태를 갖춘다는 것은 인간의 본성을 갖는다는 의미다. 흔히 본성이라고 번역되는 'nature'는 자연이라고 번역되기도 한다. 이 'nature'는 라틴어 'natura'나투라'에서 온 것이고, '나투라'는 그리스어 'physis'퓌시스'를 번역한 것이다. 퓌시스는 본래 뭔가를 생장시키는 힘을 말한다. 카오스가 코스모스가 되었다는 것은 한편으로 카오스가 퓌시스가 되었다는 의미다. 따라서 어떤 것이 'nature', 즉 본성을 갖추었다는 것은 다른 것이 되지 않고 바로 자기 자신을 유지하고 생장시킬 수 있는 힘을 갖추었음을 뜻한다.

그러니까 카오스가 코스모스가 되면서 그 속에서 일정한 형태와 본성을 갖춘 각각의 것들이 생겨났다는 것은 그 각각의 것들이 스스로를 유지하고 생장시킬 수 있는 것들이 되었음을 뜻한다. 그런데 이 각각의 것들이 나름의 퓌시스를 발휘할 수 있으려면 항상 다른 것들과 작용을 주고받는 관계를 맺지 않으면 안 된다. 자신을 유지하는 데 도움이 되는 것들을 가까이하고, 자신을 유지하는 데 방해가 되는 것들을 멀리함으로써 각기 자신을 유지하고 생장시키려는 것이다. 그래서 조화와 상극이 나오게 된다. 하지만 전체적으로 보면 거대한 조화라 할 수 있다. 말하자면 상극마저도 크게 보면 조화의 한 방식인 것이다. 그래서 코스모스를 일체의 것들의 조화라고 부른다.

말하자면 코스모스는 각각의 것들이 어떻게든 조화롭게 유지되고 생장할 수 있는 관계들의 총체다. 따라서 거기에는 일정한 질서가 있을 수밖에 없다. 카오스의 무정형은 달리 말하면 무질서다. 코스모스에서 정형의 조화는 달리 말하면 질서다. 코스모스 속에서는 각기 나름의 본성을 지니고 존재하는 일체의 것들이 조화를 이룬다고 했다. 그 모든 본성 간의 질서 잡힌 관계가 바로 질서의 총체인 코스모스인 것이다. 그래서 코스모스는 한편으로 본성들 간의 질서 잡힌 체계라 할 수 있기 때문에 자연^{본성,nature}이라고 불리기도 한다.

코스모스를 이루는 존재의 바탕$^{原質, arche}$은 카오스다. 꼭 그렇다고 할 수는 없지만 카오스는 코스모스의 원질의 내용이고 코스모스는 카오스를 색다르게 구성하는 형식이다. 말하자면 카오스와 코스모스는 다른 것이면서 같은 것이다. 원질의 내용으로 보면 같은 것이고 그 형식에 있어서만 다른 것이다. 카오스는 형식을 제대로 갖추지 못한 것이고 코스모스는 형식을 제대로 갖춘 것이다.

이와 관련해서 떠오르는 문제 중 하나가 바로 카오스에서 코스모스로의 이행이다. 그것은 도대체 코스모스를 이루는 질서, 즉 형태 혹은 본성이 어디에서 왔느냐 하는 문제에 집중되어 있다. 플라톤은 형태 혹은 본성이 카오스의 외부로부터 왔다고 말한다. 플라톤이 말한 형상들, 즉 이데아들이 바로 카오스의 외부로부터 카오스에 주어진 것들이다. 그런데 카오스 자체에서 발휘되었다고 하면 이야기가 완전히 달라진다. 이런 입장을 취한 인물이 바로 들뢰즈다. 그는 그래서 '카오스모스^{chaosmos}'라는 새로운 개념을 만들었다. '카오스모스'는 들뢰즈가 우주론에 있어서 어떻게 반플라톤주의를 정립하는가를 보여주는 중요한 개념이다. 왜냐하면 카오스에서 코스모스가 되는 과정이 카오스 외부에 입각한 것이 아니라 카오스 자체의 힘으로 이루어진 것이라 여기면서 그 중간 과정을 일컬어 카오스모스라고 하기 때문이다.

모든 통치자는 사회적인 코스모스를 지향한다고 할 수 있다. 통치자들이 가장 싫어하는 것이 사회적인 카오스다. 카오스는 도대체 어떻게 접근해서 어떻게 다스려야 할지 알 수 없기 때문이다. 그런데 강력한 사회적 코스모스를 지향하게 되면 자칫 파시즘적인 사태가 벌어진다. 개개 사회 구성원들의 자유란 통치자의 입장에서 보면 일종의 카오스이기 때문이다. 가장 강력한 사회적 카오스가 바로 혁명이다. 그리고 보면 자유와 혁명은 직접적으로 연결된다. 그런데 역사적으로 보아 불행한 것은 혁명 이후 혁명의 주동자들이 오히려 강력한 코스모스를 지향한다는 사실이다. 그런 점에서 요구되는 것이 바로 민주주의다. 일반 대중이 혁명에 의한 독재가 아니라 혁명에 의한 민주주의를 요구하는 것이 이 때문이다. 적절한 카오스적인 측면을 허용하는 사회적인 코스모스야말로 우리가 지향하는 사회의 형태가 아닐까 생각하게 된다.

원소

 원소가 본래 카오스 속에 있었는지 아니면 카오스가 코스모스가 되면서 비로소 생겨난 것인지가 참으로 어렵다. 원소라는 말은 그리스어 'stoicheon^{스토이케이온}'을 번역한 것이다. 영어로는 'element' 혹은 'elemental things'라고 한다. 이는 원자^{atom}와는 다른 개념이다. 원자는 그 자체로 보면 본성이 없는 것이라 할 수 있지만 원소는 본성^{physis}을 지닌 것이기 때문이다.

 본성을 지녔다는 것은 자기 스스로를 유지하고 생장시킬 수 있는 힘을 지녔다는 의미다. 그런데 하나의 사물이 있다고 할 때 그 사물이 단 하나의 본성만을 지녔다고 할 수는 없다. 여러 본성을 지닌 것도 있고, 겨우 몇 개의 본성을 지닌 것도 있고, 단 하나의 본성을 지닌 것도 있다. 유념해야 할 것은 본성을 많이 지니면 지닐수록 복합적인 존재이고 본성을 적게 지니면 지닐수록 단순한 존재라는 사실이다. 단순과 복합이라는 것도 상당히 중요한 개념인데 본성과 관련지어 생각하면 된다. 본성은 양의 문제가 아니라 질의 문제다. 그러니까 단순하다거나 복합적이라고 하는 것은 양의 문제가 아니라 질의 문제다. "그 사람은 참 복잡한 인간이야"라는 말은 그 사람이 워낙 많은 본성을 지니고 있고, 심지어 자신 속에 서로 대립되는 본성들마저 지니고 있어서 도대체 어떤 사람이라고 규정하기가 쉽지 않다는 뜻일 것이다.

원소는 단 하나의 본성만을 지닌다. 오늘날 과학적인 관점에서 보면 분자 수준에서만 원소가 성립하고 원자 수준으로 내려가면 본성이 없기 때문에 원자는 원소가 될 수 없는 셈이다. 옛날 고대 그리스인들은 원소들을 대체로 흙, 물, 공기, 불, 이 네 가지로 보았다. 그리고 동양에서는 오행이라고 해서 흙, 쇠, 나무, 물, 불, 이 다섯 가지로 보았다. 그런데 이때의 흙, 쇠, 나무, 물, 공기, 불 등은 원소가 아니다. 원소들은 우리가 쉽게 볼 수도, 만질 수도 없을 정도로 극미한 어떤 것들이다. 말하자면 우리가 실제로 보는 흙이나 물은 다양한 원소들이 수없이 결합해서 이루어진 것이라고 해야 한다.

중요한 것은 존재하는 모든 것을 구성하는 근본 원소들을 무엇으로 보는가에 따라 세계관이 달라진다는 점이다. 동양에서 나무를 근본 원소로 보았다는 것은 그만큼 생명을 중시하는 전통을 지닌 것으로 해석할 수 있다. 그리고 서양의 관점에서 보면 쇠는 흙에 속하는 것인데, 동양에서 이를 특별히 흙과 구분해서 근본 원소로 본 것은 옛날부터 산업적인 부분이 상당히 중시되었음을 의미한다.

한 가지 덧붙일 것은 원소를 'element'라고 할 때 이 'element'를 맥락에 따라 '계기'라는 말로 번역해야 한다는 것이다. 계기라는 것도 원소와 일정하게 관계가 있다. 우리는 "너 어떤 계기로 그 사람과 만나게 되었니?"라는 말을 한다. 이때 계기는 일종의 통로다. 계기가 다르면 생겨나는 결과도 달라진다. 존재하는 모든 것에 대해 물질을 계기로 해서 볼 수도 있고 정신을 계기로 해서 볼 수도 있다. 둘 중 어느 계기로 보는가가 세계관을 결정짓는다. 전자는 유물론적인 세계관을, 후자는 관념론적인 세계관을 구축하게 된다.

아주 흥미로운 질문 중 하나는 자본가와 노동자 중 어느 쪽이 더 유물론적일까 하는 것이다. 흔히 노동자들이 유물론적인 세계관을 더 강하게 지닌 것으로 생각하기 쉽지만 반드시 그런 것은 아니다. 자본가들이야말로 모든 상품의 가치와 그에 따른 이윤이 오로지 육체적인 노동을 중심으로 한 물질 관계에서 비롯된다는 것을 여실히 알고 있다. 자본가들이 퍼뜨리는 관념론, 예컨대 종교적인 세계관은 이를 숨기고 위장하기 위한 것이다. 그래서 마르크스[Karl Marx, 1818~1883]는 종교를 아편에 비유했다. 실제로도 각박한 노동 현실은 그다지 중요하지 않고 하늘의 일만 중요한 듯이 외쳐대는 것이 종교의 폐단이다. 종교 생활을 의미 있고 가치 있게 하기 위해서는 현실을 얼마나 중요하게 여겨야 하는가를 새삼 생각하게 된다. 정말이지 존재하는 일체의 것들이 근본적으로 어떤 성격의 원소들로 이루어져 있는가를 정확하게 성찰해서 분별해야 하는 것이다.

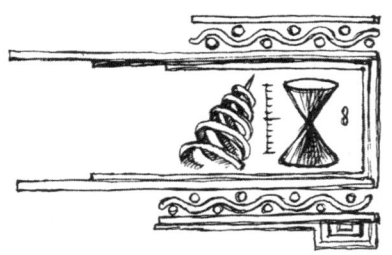

생성

대체로 생성은 두 계기, 발생의 계기와 소멸의 계기를 갖는다고 말한다. 카오스와 코스모스는 같은 것이면서 다른 것이라고 했다. 그러면서 카오스를 존재하는 모든 것의 원질이라고 했다. 이때 원질 자체는 발생하거나 소멸하는 것이 아니다. 그래서 원질이라고 하는 것이다. 그러고 보면 생성, 즉 발생과 소멸을 말할 때는 본성을 지닌 것들에 대해 말해야 한다. 발생과 소멸은 분명히 본성과 관련되기 때문이다. 말하자면 특정한 본성을 지닌 어떤 것이 있다고 할 때 본성을 지닌 그것이 발생되거나 소멸된다고 해야 한다.

특정 본성을 지닌 것이 있다고 해보자. 예컨대 길이가 10센티미터 정도인 분필이 있다고 해보자. 이 정도의 길이를 갖고서 정형화되어 있기 때문에 칠판에 글을 쓸 때 그만큼 편리한 본성을 지닌다. 그런데 자꾸 쓰다 보면 분필은 2센티미터 정도로 짧아진다. 그렇게 되면 더 이상 칠판에 글을 제대로 쓸 수 없다고 하는 새로운 낯선 본성을 지니게 된다. '칠판에 글을 원활하게 쓸 수 있음'이라는 본성이 없어지고 '칠판에 글을 원활하게 쓸 수 없음'이라는 새로운 본성이 생겨난다. 씨앗을 심어놓으면 자라서 떡잎이 나온다. 씨앗과 떡잎을 지닌 새싹은 그 본성이 상당히 다르다. 이렇듯 어떤 것이 그동안의 본성을 잃어버리고 새로운 본성을 갖게 되는 것을 생성이라고 부른다. 이때 잃어버린 본성을 중심으로 보면 생성은 소멸이고, 새롭게 획득한 본성을 중심으로 보면 생성은 발생이다. 그러니까 발생에는 항상 소멸이 있고, 소멸에는 항상 발생이 있는 셈이다. 이 둘을 합해서 한꺼번에 일컫는 것이 생성이다. 그러고 보면 생성은 변화의 다른 이름임을 알 수 있다.

생성이 무한할 정도의 속도로 신속하고 급하게 일어나면 어떻게 될까? 단 한순간도 동일한 본성을 지닐 수 없을 것이다. 새로운 본성을 획득하는 순간 바로 그 본성을 잃어버리고, 그 새로운 본성을 잃어버리고 또다시 새로운 본성을 획득하는 순간 바로 그 새로운 본성을 또다시 잃어버리게 될 것이기 때문이다. 극단적으로 보면 일체의 본성을 생각할 수 없는 상태가 된다. 이는 무엇인가? 바로 카오스다. 만물을 이렇게 본 철학자가 바로 헤라클레이토스$^{Heracleitos, BC\ 540?\sim BC\ 480?}$다. "만물은 흐른다$^{Panta\ rhei}$"라는 그의 유명한 말은 바로 극단적인 속도의 생성을 지칭하는 것이었다.

그런데 실제 우리의 인생은 어떤가? 극단적인 생성을 추구하는 것도 아니고 그렇다고 극단적인 정지, 즉 영원한 불변을 추구하는 것도 아니다. 일정하게 안정된 상태에서 계속 새로운 차원의 인생이 주어지기를 원한다. 새로운 차원의 인생을 위해서는 카오스가 필요하고 안정된 인생을 위해서는 코스모스가 필요하다. 예컨대 열렬한 연애 후 결혼한 경우라도 너무 안정된 상태가 오래 지속되면 이른바 권태에 빠지게 된다. 그렇다고 늘 새로운 상태가 도래하게 되면 불안해지면서 파경에 이르기 십상이다. 분명 생성은 인생에 있어서 긴요한 것이고 필수적인 것이지만 그 속도를 적절하게 조정하는 것이 기본 책략이다. 개인의 삶도, 민족의 삶도, 국가의 삶도 다 마찬가지다.

일자

그런데 만약 생성이 무한할 정도로 느리게 일어나면 어떻게 될까? 오로지 이미 지니고 있는 본성만을 가만히 가지고 있을 것이다. 설사 그것이 내부에 여러 본성을 지니고 있다고 할지라도, 그래서 그 본성들 사이에서 작용이 일어날 수 있다고 할지라도 그 작용이 무한히 느리게 일어나기 때문에 아무런 변화가 없을 것이다. 그 자체로 보면 그 어떤 생성도 용납하지 않는다. 이를 일컬어 일자一者, the One라고 한다. 즉 영원히 그것은 바로 그것일 뿐, 다른 것일 수 없는 것이 바로 일자다.

이렇게 생성과 아예 무관한 일자를 생각할 때 흥미로운 문제는 이런 일자가 과연 몇 개인가 하는 것이다. 온 세상에 이런 일자가 단 하나밖에 없다고 생각한 철학자가 헤라클레이토스와 적대적인 입장을 취하는 파르메니데스Parmenides, BC 515?~BC 445?다.

온 세상이 알고 보면 전혀 생성 내지는 변화가 없는 유일한 일자로 되어 있다는 것이 파르메니데스의 주장이다. 헤라클레이토스의 생각도 그러하지만 파르메니데스의 생각도 참으로 황당하다. 그가 말하는 일자가 과연 어느 정도로 많은 본성을 갖추고 있는가에 대해서는 잘 알 수 없다. 다만 그는 존재와 사유는 동일하다고 말한 것으로 알려져 있다. 이때 사유는 철저히 논리적인 사유이지 무슨 상상력 같은 사유가 아니다.

그리고 이런 일자가 수없이 많다고 생각한 철학자가 바로 플라톤이다. 플라톤 하면 단박 떠올리게 되는 이데아들은 그 수가 너무나도 많다. 책상의 이데아, 붉음의 이데아, 미의 이데아 등 온갖 이데아가 있다. 이 이데아들이 바로 일자들이다. 이데아란 영원 전부터 영원 끝까지 그대로 있는 것이지, 결코 생성되는 것이 아니기 때문이다. 철학자들이란 참으로 기묘한 생각을 많이 하는, 어쩌면 본래부터 이상한 인물들인지도 모른다.

아무튼 이렇게 여러 일자가 있다고 할 때 그 일자들 사이에 아무런 작용도 일어나지 않는가 하는 것이 가장 큰 문제다. 두 개의 일자가 있다고 할 때 그 두 일자들 사이에 작용이 일어난다는 것은 서로의 본성에 영향을 미친다는 것이고, 서로의 본성에 영향을 미친다는 것은 서로의 본성이 바뀔 수도 있다는 것이기에, 그렇게 되면 일자로서의 자격이 사라진다.

그렇다면 나는 일자인가, 아닌가? '나는 나'라는 점만 강조하면 내가 일자인 것 같다. 그러나 '나는 늘 변한다'라는 점을 강조하면 나는 결코 일자가 아니다. 대부분의 사람은 '나는 나이면서 늘 변한다'라는 점을 인정할 것이다. 이를 약간 다르게 풀어서 '나는 나이면서 내가 아니다'라고 하면 그야말로 말도 안 되는 얄궂은 말이 된다. 생성과 일자에 관련시키면 이 말은 '나는 일자이면서 생성을 거친다'라는 말이 된다. 교육을 받으면 내가 바뀐다. 그런데 교육을 받아 바뀌는 나는 여전히 나다. 본래 모든 일은 이같이 모순처럼 여겨지는 기묘한 일들로 가득 차 있다. 그래서 사는 것이 재미있다.

형상

생성의 문제를 다시 곰곰이 생각해보아야 한다. 가지고 있던 본성을 잃어버리고[소멸의 계기] 그와 동시에 새로운 본성을 획득한다[발생의 계기]고 할 때 그것은 어떤 것이 다른 것이 되는 것이다. 이때 문제는 본성이다. 앞에서 들뢰즈의 '카오스모스'를 이야기하면서 본성 혹은 형태가 과연 어디서 온다고 여기는가에 따라 우주론의 입장이 크게 플라톤주의적인 입장과 반플라톤주의적인 입장으로 나뉜다고 했다.

플라톤은 여러 개의 일자들, 즉 이데아들이 있다고 했다. 그런데 플라톤은 그 이데아들이 카오스 자체에 구비되어 있는 것이 아니라 본래부터 카오스와 별개로 영원 전부터 따로 존재한다고 생각했다. 이는 본성 자체 혹은 형태 자체가 그 본성 혹은 형태를 갖는 원질과 별개로 따로 존재한다고 여기는 것이다. 예컨대 '칠판에 글을 쓸 수 있음'이라는 본성 혹은 형태가 '지금 여기의 이 분필'이라 일컬을 수 있는 모든 구체적인 물질적 사물들과 별개로 존재한다고 여기는 것이다.

플라톤은 이렇게 세상에 있는 모든 것이 각기 나름대로 갖추고 있기도 하고, 잃어버리기도 하고, 또 획득하기도 하는 본성 자체 혹은 형태 자체가 세상에 있는 모든 것과 별개로 존재한다고 하면서 그것을 일컬어 형상^{eidos} 자체라고 했다. 그러니까 형상 자체인 이데아는 '지금 여기'에 있는 것이 아니다. 어디에 있다고 할 수 없고 차라리 모든 곳에 있다고 해야 하며, 언제 있다고 할 수 없고 차라리 항상 영원히 있다고 해야 한다.

어떤 사물이 일정한 형상을 갖추고 있을 때 그 형상 자체를 일컬어 그 사물의 본질^{essence}이라고 한다. 그리고 플라톤은 형상이 비례와 척도와 질서를 가능하게 하는 근본 원리라고 한다.

이때 여러 문제가 발생한다. 우선 그런 형상 자체를 과연 볼 수 있는가, 아니면 알 수 있는가 하는 문제가 있다. 플라톤은 형상 자체는 결코 감각할 수 있는 것이 아니라고 말한다. 그러면서 오로지 충분한 이성에 의해 사유됨으로써 인식될 뿐이라고 말한다. 여기에서 그 유명한 '가시^{可視}적인 것'과 '가지^{可知}적인 것' 간의 완전한 분리가 일어난다. 아울러 감각적인 경험과 이성적 사유 간에 완전한 분리가 일어난다.

또 하나의 문제가 있다. 어쨌든 이 세상에 있는 각각의 사물들에 대해 우리는 그것이 무엇이라는 인식을 하고 어디에 쓰는 물건인가를 파악한다. 예컨대 지금 여기에 있는 이 분필은 분필이라는 본성을 지니고 있기 때문에 분필이라고 한다. 그렇다면 이 분필은 분필의 형상 자체, 즉 분필의 이데아와 어떻게 관계를 맺고 있다고 봐야 하는가, 그 관계가 과연 어떻게 되는가 하는 문제가 생겨난다.

그런데 조심해야 할 것이 하나 있다. 바로 '형상形相'과 '형상形狀'을 구분해야 한다는 점이다. 여기서 우리가 말하는 것은 '形相'이다. 그리고 눈으로 보아 확인할 수 있는바 사물이 생겨먹은 꼴은 '形狀'이다. 영어로 전자의 형상은 형식form이고, 후자의 형상은 말 그대로 형상figure이다.

요즈음 인문학 열풍이라고 해서 인문에 관한 이야기가 횡행한다. 한자말로 보면 '인문人文'은 '인문人紋', 즉 인간됨의 무늬다. 인간으로서 생겨먹은 꼴, 즉 인간으로서의 형상形狀을 인문人文이라고 일컫는 것이다. 그 인문이 가장 잘 나타나는 곳이 바로 얼굴이다. 그중 눈빛과 입매다. "나이 사십이 되면 자기 얼굴에 책임을 져야 한다"는 말이 있다. 얼굴이 그 인간의 인간됨, 즉 그 인간의 인간됨의 본질을 나타낸다고 하면 그때 그 얼굴에는 그 인간의 인간됨의 형상形相이 나타난다고 해야 한다. 그러고 보면 형상形相과 형상形狀은 결코 동떨어진 것이 아님을 알 수 있다. 아무튼 자신의 얼굴을 자주 점검해야 할 일이다.

질 료

 형상^{본성}과 일정한 본성을 지닌 사물 간의 관계가 어떻게 되는가 하는 문제를 아주 중요하게 여긴 인물이 바로 플라톤의 제자 아리스토텔레스다. 아리스토텔레스는 형상 자체, 즉 이데아란 지금 여기의 개별적인 사물들을 떠나서 따로 존재할 수 있는 것이 아니라고 주장한다.

 이렇게 되면 지금 여기의 개별적인 사물, 예컨대 지금 여기의 이 분필이 중요한 분석 대상으로 떠오른다. '이 분필'은 분필의 형상을 갖추고 있기 때문에 이 '분필'이라 부를 수 있다. 하지만 '이 분필'이 오로지 '분필의 형상'만으로 된 것은 결코 아니다. 이 분필은 분필의 형상을 본성으로 갖는 어떤 원질로서의 바탕을 지니고 있다. 그것을 일컬어 아리스토텔레스는 질료^{質料, hyle}라고 한다. 말하자면 '이 분필'은 '이 분필의 질료'와 '분필의 형상'이 결합되어 있는 셈이다.

 그런데 방금 우리는 '이 분필의 질료'라고 해서 질료에 대해서는 '이'라는 개별 지시관형사를 붙인 반면 '분필의 형상'에는

'이'라는 개별 지시관형사를 붙이지 않았다. '분필의 형상'은 이곳 혹은 저곳에 따로따로 나뉠 수 있는 것이 아니다. '분필의 형상'은 온 우주에 하나밖에 없다. 반면 '분필의 질료'는 이 분필이냐, 저 분필이냐에 따라 그 재료가 따로따로 있다. 재료가 따로따로 있기 때문에 분필의 형상을 갖춘 이 분필과 역시 분필의 형상을 갖춘 저 분필이 개별적으로 따로따로 분리되어 있는 것이다. 그래서 아리스토텔레스는 "질료는 개별화의 원리"라는 말을 한다.

앞에서 우리는 카오스는 무정형, 즉 아무 형태나 본성도 갖추고 있지 않다고 했다. 그러면서 카오스를 모든 존재의 원질이라고 했다. 이는 카오스가 아무 형상도 갖추지 않은 것임을 의미한다. 이같이 아무 형상도 갖추지 않은 질료 자체를 아리스토텔레스는 '순수 질료'라고 부른다. 그러나 적어도 질서가 잡힌 코스모스, 즉 이 우주 속에서는 순수 질료를 보거나 만질 수 없다.

질료와 형상 개념도 제대로 따지자면 참으로 어렵다. 다만 유념할 것은 우리가 흔히 어떤 사물을 인식한다고 할 때 그 인식의 대상은 어쨌든 그 사물의 형상이지, 질료가 아니라는 사실이다. 예컨대 "이 분필은 석고라는 질료로 되어 있다"고 할 때 '석고의 형상'을 인식해서 '분필의 형상'에 덧붙인 것이다. 그러니까 질료를 그저 재료라고 하고 그 재료가 무엇인지를 아는 것은 그 질료가 무엇인지를 아는 것이 아니다. 어찌 되었든 하나의 물건이 어떤 재료로 되어 있는지 그리고 더 깊이 들어가서 그 재료가 더 근본적인 어떤 재료로 되어 있는지를 알게 된다면 그 재료에 대한 인식은 그 재료의 형상에 대한 것이지, 결코 그 재료의 질료에 대한 것이 아니다. 그러고 보면 흔히 뭉뚱그려 '형상과 질료'라고 할 때 그 질료는 이른바 순수 질료인 것이다. 순수 질료는 인식할 수 있는 형상이 전혀 들어 있지 않는 것을 일컫기 때문이다.

또 하나 생각할 것은 어떤 물건이 어떤 재료로 되어 있는가가 그 물건으로 무엇을 하는가와 직결되어 있다는 사실이다. 물로 책상을 만들 수는 없다. 물의 형상은 책상의 형상과 전혀 관계를 맺을 수 없는 것이다. 재료의 형상과 물건의 형상은 긴밀하게 연결되어 있어서, 예컨대 견고한 책상을 만들기 위해 썩은 나무를 재료로 삼는 것은 형상들 간의 관계를 전혀 모르는 것으로, 그야말로 무식한 일이다. 제대로 된 좋은 국가를 건설하려고 할 때 그 재료가 무엇인가를 다각도로 정확하게 파악하는 정치가들이 얼마나 시급하게 요구되는가 역시 이런 관점에서 깨달을 수 있다. 내가 희망하는 미래의 나 자신을 만들고자 할 때 그 재료가 되는 것들의 본질적인 형상을 정확하게 파악해서 준비해나가는 것은 바람직한 인생을 사는 데 얼마나 중요하겠는가.

게네시스

 이제 다시 플라톤으로 되돌아가야겠다. '게네시스^{genesis}'라는 말은 플라톤이 제시한 개념인데, 그대로 풀면 '생성'이다. 그러나 앞서 이미 다룬 바 있는 발생과 소멸의 결합을 일컫는 '생성'과는 다른 의미를 띤 것이 게네시스다. 플라톤은 그의 우주론을 담은 유명한 《티마이오스^{Timaios}》라는 책에서 우주, 즉 코스모스^{Kosmos}가 어떻게 생겨나게 되었는가를 티마이오스를 주인공으로 삼은 대화체로 다룬다.

 플라톤은 여기에서 '언제나 존재하는 것이되 생성을 갖지 않는 것'과 '언제나 생성되는 것이되 결코 존재^{실체}하지 않는 것'을 구분해야 한다고 말한다. 그리고 우주, 즉 코스모스는 생성된 것이라고 말한다.

 그런데 플라톤은 이 책에서 이렇게 이미 '생성된 것'을 지칭하는 생성^{genesis}과는 달리 일체의 우주가 생성되기 전에 이미 있었던 '생성^{genesis}'을 말한다. 이미 생성된 우주는 계속해서 그 안에 발생과 소멸의 계기를 갖고 변화한다. 그런데 플라톤은 우주가 생성되기 이전의 게네시스, 즉 생성을 말한다. 그것은 "존재, 공간, 생성이 있고, 이 셋이 세 가지로 있으며, 천구^{우주}가 생기기 전에도 있었다는 것이다"라는 언명이다. 우주가 생기기 전에 있었던 이 생성, 즉 게네시스는 앞에서 말한 카오스에 해당된다. 그리고 우주가 생기기 전에 있었던 이 존재^{우시아ousia}는 바로 이데아들, 즉 형상들을 일컫는다. 그리고 또 하나의 공간이 우주가 생기기 전부터 있었다는 것인데 이를 그리스어로 '코라^{chora}'라고 한다. 플라톤은 코라를 '게네시스의 유모'라고도 하고 '게네시스의 자궁'이라고도 하고 '새김바탕'이라고도 한다.

　이렇게 볼 때 우주가 생성되기 전의 게네시스는 우주를 만드는 데 쓰인 원질이라고 해야 한다. 원질은 원초적인 물질을 일컫는다. 이에 해당되는 말로서 플라톤은 '아난케^{ananke}'를 따로 제시한다. 이는 '필연', '강제', '필요', '필수' 등을 뜻하는 낱말로 지성이 개입하기 전 물질의 상태를 지칭한다. 지성이 개입했다는 것은 우주 제작자인 데미우르고스^{Demiourgos}가 존재, 즉 형상들에 따라 우주의 원질인 게네시스를 설득해서 이전의 운동 방식과는 다르게 운동하게 한 것을 지칭한다. 그러니까 아난케는 우주를 만드는 데 없어서는 안 되는 필수적인 것이라는 뜻을 지닌다. 그렇기 때문에 이를 예사로 '필연'이라고 번역해서는 안 된다. 그런 까닭에 우주의 원질을 아난케보다 오히려 게네시스라고 말하는 것이다. 달리 말하면 게네시스는 우주를 만드는 데 아난케로 작동하는 셈이다.

  플라톤은 이데아들, 공간 그리고 카오스인 게네시스 등이 본래부터 있는 것이라고 했다. 그런데 여기에 한 가지를 덧붙여야 한다. 그것은 바로 지금 여기라고 하는 것이다. 지금 여기야말로 인간이 있건 없건 항존恒存하는 근본적인 시공간적 형식이다. 지금 여기는 절대적인 항존을 지닌다. 이를 중시하게 되면 일체의 본질적인 것들은 이차적이고 부차적인 것이 된다. 인생은 이미 정해져 있는 본질을 구현하고자 하는 것이라는 입장과 인생에서 가장 중요한 것은 지금 여기의 절대적인 항존이라고 여기는 입장은 워낙 대립된다. 이는 본질주의와 현존주의의 대립이다. 본질주의의 대표적인 철학자가 플라톤이라면 현존주의의 대표적인 철학자는 사르트르다. 그런데 어찌 보면 카오스인 게네시스의 상태에서 가장 근원적인 지금 여기가 시작한다고 해야 한다. 이처럼 플라톤의 우주론에 현존주의의 싹이 들어 있었으니 철학사란 참으로 묘하다 하지 않을 수 없다.

코라

플라톤의 우주론에서 게네시스, 즉 카오스를 설명할 때 가장 중요한 것은 이 게네시스가 코라, 즉 공간의 품속에 있었다는 사실이다. 그래서 플라톤은 코라를 게네시스의 어머니, 유모, 수용자, 자궁 등으로 표현한다.

플라톤은 코라가 눈에 보이지 않고 형태도 없지만 결코 서로 닮지 않고 균형도 잡히지 않은 힘들뒤나메이스dynameis로 가득 차 있다고 말한다. 바로 이 힘을 중시하게 되면 온 우주는 힘으로 되어 있다는 철학자 니체Friedrich Nietzsche, 1844~1900의 존재론이 나온다. 그리고 플라톤은 코라가 모든 것을 받아들이는 것이라고 말한다. 또 플라톤은 코라가 자신의 소멸은 허용하지 않으면서도 생성을 갖는 모든 것에 자리를 제공한다고 말한다. 그러고 보면 코라는 흔히 우리가 알고 있는 텅 빈 공간과는 전혀 다른 공간이다. 그런데 플라톤은 코라가 그 어떤 부분에서도 평형을 이루지 못하고, 균형 잡히지 않은 힘들 때문에 균형을 잃고서 기우뚱거리며 흔들린다고 말한다. 플라톤이 말하는 근원적으로 출렁거리는 공간은 왠지 아인슈타인[Albert Einstein, 1879~1955]의 '휜 공간'을 떠올리게 한다.

그렇기 때문에 코라 속에 있는 게네시스 자체도 전혀 균형을 잡지 못하고 뒤죽박죽 뒤흔들리는 방식으로 운동할 수밖에 없다는 것이다. 그렇게 되니 당연히 그 어떤 질서도 생겨날 수 없고 오로지 혼돈만이 넘쳐난다는 것이다. 이렇게 제멋대로 출렁거리는 공간인 코라 속에서 제멋대로 운동하는 게네시스의 모습을 보고서 우주 제작자인 데미우르고스가 아무렇게나 운동하지 말고 질서 정연하게 운동해보라고 설득했다고 플라톤은 말한다. 엄격하게 말하면 게네시스가 아니라 코라를 설득했다고 봐야 옳다. 그 질서 정연함은 바로 비례와 척도에 따라, 즉 진정으로 존재하는 형상들에 따른 것이다. 그렇게 질서 정연하게 운동을 하게 되니까, 게네시스에서 근본적인 4원소들인 흙, 물, 공기, 불이 차례로 나오게 된다는 것이 플라톤의 우주론이다. 그리고 미세한 4원소가 철저한 기하학적, 수학적 비례와 척도의 원리에 따라 우주 전체를 구성하게 된다는 것이다.

이렇게만 보면 카오스 속에 이미 그 나름의 본성을 지닌 4원소가 있었다고 해야 할 것 같다. 그렇다면 카오스가 코스모스가 되었을 때 존재[ousia], 즉 형상들은 그다지 한 일이 없는 것처럼 보인다. 이를 특별히 중시하게 되면 플라톤 역시 들뢰즈처럼 카오스모스를 주장한 것처럼 된다.

그런데 그게 아니다. 플라톤은 어머니인 코라가 아버지인 형상들을 받아들임으로써 자식들인 우주가 생겨난다고 말한다. 당시 그리스인들은 "아버님 날 낳으시고 어머님 날 기르시니" 하는 식으로 어머니는 무정형적인 것, 오늘날의 식으로 말하면 전혀 유전인자가 없는 것으로 여겼다. 말하자면 유전인자는 오로지 아버지에게서만 온다고 여긴 것이다. 이런 주장을 염두에 두면 플라톤에게는 카오스모스가 성립할 수 없다.

코라를 현대적으로 해석해서 새로운 의미론과 더불어 여성주의적인 의미 생성의 개념을 만들어낸 인물이 철학자이자 기호학자인 크리스테바$^{Julia\ Kristeva,\ 1941-}$다. 그녀는 《시적 언어의 혁명$^{La\ Révolution\ Du\ Langage\ Poétique}$》에서 '코라 세미오틱'이라는 말을 한다. 이는 일체의 사회 규제적인 상징체계를 벗어나서 가장 근원적인 차원에서 일어나는 의미 생성의 과정을 말한다. 또한 그녀는 코라를 어머니의 몸과 연결해서 유아 성욕이 발생하고 충족되면서 충동의 근원에서부터 근원적인 의미들이 발생하는 터가 된다고 말한다. 이런 크리스테바의 입장은 플라톤에게서 일종의 카오스모스를 볼 수 있다고 해석한 것이다.

운동

하나의 사물이 운동한다는 것은 그 사물이 다른 사물과 관계를 맺고 있다는 의미다. 또한 다른 사물과 관계를 맺고 있다는 것은 일자가 될 수 없음을 뜻한다. 관계를 맺고 있다는 것은 그 관계에 의해 이미 늘 자신의 본성이 생성의 영향을 받는다는 의미이기 때문이다. 그래서 고대인들은 변화를 운동의 일종으로 보았다.

이렇게 되면 운동은 질적인 것이 된다. 질적인 운동은 질을 결정하는 본성을 때로는 야금야금 때로는 대대적으로 바꾼다. 음식물이 부패한다든지, 흙탕물을 가만히 두면 무거운 것들이 가라앉음으로써 위가 맑아진다든지, 씨앗이 발아하여 줄기가 된다든지 하는 것은 모두 다 질적인 운동이다. 이런 의미에서 보면 운동은 곧 생성이다. 그래서 일자를 주장한 파르메니데스는 도대체 이 세상에는 운동이 없다고 한 것이고, 파르메니데스의 제자인 제논$^{Zenon,\ BC\ 490?\sim BC\ 430?}$은 이를 증명하기 위해 여러 역설들을 제시한 것이다. 그중 가장 유명한 것이 아킬레우스와 거북의 경주다. 이는 거북과 아킬레우스가 경주를 하는데 거북을 조금이라도 앞세우고서 출발하면 아킬레우스가 결코 거북을 따라잡을 수 없다는 역설이다. 아킬레우스가 거북이 있던 위치에 갈 동안 거북도 앞으로 나아갈 것이고, 그렇게 나아간 거북의 위치까지 아킬레우스가 따라가면 그동안 거북도 조금이라도 앞으로 나아갈 것이고, 이런 사태가 무한히 연속되기 때문에 결코 아킬레우스는 거북을 따라잡을 수 없다는 것이다. 이런 논리를 펼치면서 제논은 실제로 아킬레우스가 거북을 따라잡아 추월하는 것은 운동에 의거한 것인데, 논리적으로 따져보면 그런 운동이 성립할 수 없다고 했다. 그런데 실상 제논은 거북이 있던 지점에 아킬레우스가 정지한 것으로 해석한다. 그리고 정지를 운동이 없는 상태로 본다. 하지만 알고 보면 정지도 운동이다. 절대적인 정지는 없기 때문이다. 따라서 제논은 처음부터 절대적인 정지를 논리의 전제로 삼아 운동이 없다고 한바 동어반복을 일삼은 것에 불과하다. 절대적인 정지를 전제로 한 것이 파르메니데스의 일자론이고 이를 받아들인 인물이 플라톤이다. 이래저래 운동은 그야말로 세계관을 결정하는 핵심 문제다.

그런데 우리는 운동이라고 하면 그저 물리적인 운동, 즉 거리의 이동만을 생각하는 버릇이 있다. 그런데 왜 건강하기 위해 운동해야 한다고 할까? 건강하기 위해 운동하는 것은 그저 거리를 이동하는 것이 결코 아니다. 거리를 이동하는 것이 목적이 아니라 근육을 움직여서 근육의 본성들, 즉 근육의 질을 바꾸는 것이 목적이다.

그렇다면 거리의 이동인 물리적인 운동은 도대체 어떤 운동이며, 질적인 운동과 어떻게 다른가? 거리를 이동하는 것이기 때문에, 그리고 거리라고 하는 것은 순전히 양적인 것이기 때문에 이런 경우에는 양적인 운동이라고 말하기도 한다. 하지만 이 양적인 운동 역시 다른 사물과의 관계를 벗어나서 성립할 수는 없다. 이를 이야기하려면 다소 복잡하다.

서양 최초의 유물론자로 불리는 데모크리토스$^{Democritos,\ BC\ 460?-BC\ 370?}$는 세상에 존재하는 것은 단 두 가지, 원자들과 진공뿐이라고 했다. 그리고 진공은 원자들이 운동하는 공간이라고 했다. 이때 원자는 운동에 의해 본성이 바뀌는 것은 아니다. 그러니까 데모크리토스는 원자들을 일자로 본 셈이고 그 원자들이 순전히 양적인 운동만 하는 것으로 본 셈이다. 그런데 아리스토텔레스는 다른 물체가 부딪쳐야만 모든 운동이 일어난다고 보았다. 그러다 보니 논리적으로 운동의 원인을 계속 소급해 올라가면 모순에 봉착하게 된다. 그렇다면 최초 운동의 원인은 도대체 무엇인가 하는 황당한 상황에 이른 것이다. 그래서 아리스토텔레스는 '부동의 원동자', 즉 자기는 움직이지 않으면서 다른 물체를 맨 처음 움직이게 한 존재를 설정할 수밖에 없었다. 본래부터 운동이 있었다고 여기는 대신 본래 절대적인 정지가 있었다고 전제했던 것이다.

아리스토텔레스의 이런 입장을 묘한 방식으로 뒤집어엎은 이론이 갈릴레이$^{Galileo\ Galilei,\ 1564~1642}$의 관성 이론이다. 그의 관성 이론에 따르면 모든 물체는 본래 늘 운동하고 있고 그 운동을 방해하는 것이 나타나지 않는 한 동일한 방식으로 계속 운동한다고 한다. 이런 관성 이론에 대한 선구적인 개념으로는 '임페투스^{impetus}'와 '코나투스^{conatus}'가 있다. 임페투스는 모든 물체가 계속 운동하고자 하는 속성을 지칭하고 코나투스는 계속 자신의 존재를 유지하고자 하는 경향을 지칭한다. 근대 물리학에서 특히 뉴턴$^{Isaac\ Newton,\ 1643~1727}$을 통해 운동의 제1법칙으로 관성의 법칙이 자리 잡게 되자 아리스토텔레스의 '부동의 원동자' 개념은 전혀 쓸모없는 개념이 되고 말았다. 관성은 다름 아니라 절대적인 정지란 없고 물체란 본래부터 움직이는 것이라는 개념을 담고 있기 때문이다.

질적인 운동을 전혀 수반하지 않고 양적인 운동이 과연 가능할까 하는 것이 어려운 문제인데 이에 관해서는 다른 기회에 논의해야 할 것 같다. 다만 한 가지 덧붙일 것은 사회 역사적인 차원에서도 운동이라는 말이 아주 긴요하게 쓰인다는 사실이다.

예컨대 15세기 이후 영국에서 양을 키워 양모를 생산하기 위해 토지에서 농부들을 쫓아내고 울타리를 침으로써 결국에는 도시의 산업화 기반이 되는 노동자계급을 창출해낸 '인클로저운동$^{\text{Enclosure Movement}}$'이 있다. 혹은 19세기 영국에서 기계 때문에 일자리를 잃었다고 생각한 수공업 노동자들이 일으킨 '기계파괴운동$^{\text{Luddite Movement}}$'도 있다. 우리의 현대사에서 볼 수 있는 '물산장려운동'이나 '새마을운동' 혹은 '민주화운동'이나 '통일운동' 등도 있다. 이런 사회 역사적인 차원에서야말로 질적인 운동이 최상의 형태로 나타난다고 할 수 있다. 그리고 이런 운동이 대대적으로 사회 전체에 걸쳐 일어나면 혁명이 된다. 그러고 보면 혁명이야말로 가장 극적이고 강력한 최상의 질적 운동이라고 할 수 있다.

{ 2장 }

둥근 사각형,
상상 너머에 존재하다

| 존재 편 |

존재론은 철학의 바탕이다. 그래서인지 철학사에서 가장 말도 많고 탈도 많은 개념이 바로 존재다. 존재에 대해 어떤 입장을 취하느냐에 따라 삶의 방향이 달라지고 삶의 가치가 달라진다. 인간의 삶을 처참하고 잔인할 정도로 끈덕지게 밀고 나가는 힘, 그리하여 이상과 현실 사이의 간극을 메우게 하는 힘이 바로 존재에서 나오기 때문이다.

존재

철학사에서 어쩌면 가장 말도 많고 탈도 많은 개념이 바로 존재일 것이다. 특히 20세기 들어 하이데거$^{\text{Martin Heidegger, 1889~1976}}$가 존재^{Sein}와 존재자^{Seiendes}를 엄격하게 구분하는 바람에 더욱 혼란이 일어났다. 그만큼 정의가 쉽지 않다는 이야기다. 하이데거는 "존재는 가장 불투명한 개념"이라고 말했고 헤겔$^{\text{G. W. F. Hegel, 1770~1831}}$은 "존재는 무규정적"이라고 말했는데 이야말로 존재가 얼마나 정의하기 어려운 것인가를 웅변해준다. 그리스어로는 존재를 'Ôn^{온}'이라고 한다. 이 단어는 'einai$^{\text{에이나이, 영어의 be}}$' 동사의 분사다. 존재론을 영어로 'ontology'라고 하는데 이는 'ontos^{존재}+logos$^{\text{법칙, 원리}}$'다.

가장 먼저 생각해야 할 것은 존재를 카오스적인 판면에서 볼 수도 있고 코스모스적인 판면에서 볼 수도 있다는 점이다. 카오스적인 판면에서 보면 존재를 특정한 것으로 볼 수가 없게 되고, 코스모스적인 판면에서 보면 존재를 '특정한 것'으로 볼 수 있게 된다.

카오스적인 판면에서는 도대체 구분되는 것이 아무것도 없다. 그렇지만 카오스 전체를 뭉뚱그려 존재라고 할 수 있다. 이때 존재는 그야말로 형이상학적인 성격을 띠면서 총체적인 존재가 된다. 그러면서 존재는 앞으로 생각해볼 '무'와 앞에서 생각해보았던 '생성'과 더불어 존재론에 있어서 가장 기초적인 개념 군을 이룬다.

코스모스적인 판면에서는 원소들 그리고 원소들로 된 복합체들이 구분되어 나온다. 원소건 복합체건 간에 그 나름의 통일성을 지니고 있을 것이다. 이를 '개물성個物性, entity을 띤다'고 표현한다. 개물성을 갖기 위해서 반드시 물질성을 가져야만 하는 것은 아니다. 추상적인 개념들, 그러니까 플라톤이 말하는 이데아들도 개물성을 갖는다고 할 수 있기 때문이다. 개물성을 갖는 것들은 대체로 문장에서 주어의 위치에 온다. "그것은 연필이다"라고 할 때 '그것'이라든가, "연필은 글을 쓰는 도구다"라고 할 때 '연필'이 그렇다. 그런데 엄격하게 말하면 코스모스에는 '이 연필'이 아니라 '연필 자체'처럼 추상적인 본질로서의 개물성을 띤 것은 존재하지 않는다. 다만 코스모스적인 판면이라고 할 때 그 판면은 워낙 구분됨을 전제로 한 것이기 때문에 코스모스를 아주 넓게 보면 '연필 자체'와 같은 개물성을 띤 것도 그 속에 존재한다고 말할 수 있을 뿐이다.

이 코스모스의 판면에는 개물성을 띤 것 말고 개물성을 띤 것에 딸려오는 것들, 즉 속성이나 성질 등도 있다. 속성이나 성질들은 대체로 형용사로 표기된다. '붉다→붉음', '단단하다→단단함' 등이 그렇다. 이 속성들 내지는 성질들 역시 존재한다고 할 수 있다. 그래서 그 모든 것에 '존재하는 놈', 즉 '존재자'라는 이름을 붙일 수 있는 것이다.

 우리가 살고 있는 이 코스모스의 판면에서 보면 온갖 존재자에 대해 '존재한다'라는 술어를 붙일 수 있다. 실물에 대해서와 마찬가지로 그림자에 대해서도, 물질적인 것에 대해서와 마찬가지로 정신적인 것에 대해서도, 구체적인 것에 대해서와 마찬가지로 추상적인 것에 대해서도, 감각적인 것에 대해서와 마찬가지로 개념적인 것에 대해서도, 기타 등등. 이렇다 보니 '존재한다→존재'라는 말은 그 쓰임새가 정말 다양하고, 따라서 그 뜻도 다르다고 할 수 있지 않겠는가 하는 생각을 하지 않을 수 없다. 이를 일컬어 아리스토텔레스는 '존재의 유비성'이라 했다. 즉 존재라는 말은 그 쓰임새에 따라 뜻이 다르지만 그 다름에도 불구하고 그 뜻들이 서로 유비적이라는 것이다. 그런데 아리스토텔레스는 형이상학의 근본 대상으로 '존재자로서의 존재자$^{\text{on hē on, being qua being}}$'를 지목했다. 아리스토텔레스의 입장에서 보면 이 '존재자로서의 존재자'는 존재라는 말이 갖는 여러 유비적인 뜻들이 성립하는 바탕이 된다고 할 수 있는 근원적인 존재라고 할 수 있다.

그런데 코스모스의 판면에서 '존재한다'고 말할 수 있는 온갖 존재자에 대해 그처럼 '존재한다'는 말을 할 수 있는 근거가 왠지 있을 것 같다. 그 근원적인 근거를 무엇으로 보느냐에 따라 철학적인 입장들이 확 달라진다. 파르메니데스는 "존재와 사유는 동일하다"고 했다. 이는 존재한다고 말할 수 있는 근거가 사유라고 말하는 것에 다름 아니다. 근거가 된다는 것은 근거가 되는 것이 없으면 그 근거 위에 건립된 것은 아예 성립할 수 없다는 뜻이다. 사유 대신에 의식 혹은 정신을 가져올 수도 있을 것이다. 그렇게 되면 의식 혹은 정신이 존재의 최종 근거가 될 것이고, 그럴 때 바로 관념론이 성립한다. 그런데 의식이나 정신에 대해서도 존재한다고 말할 수 있다. 그러고 보면 관념론은 의식이나 정신이 제 스스로 자신이 존재함에 대한 근거가 된다고 말하는 셈이다. 이렇게 제 스스로 자기의 존재에 대해 근거가 되는 것을 자기 근거$^{\text{self-foundation}}$라고 한다. 그리고 이 자기 근거에 의거해서 성립하는 존재는 자기 충족성$^{\text{self-sufficiency}}$을 띤다고 말한다. 인간의 정신사^{精神史}에서 이같이 자기 근거와 자기 충족성을 띤 존재를 신이라 일컬었다.

이에 존재한다는 것은 결국 존재하는 것들, 즉 존재자들 자체에서는 나올 수 없고, 존재자들을 넘어서 있는 뭔가가 일체의 존재자들을 존재한다고 말할 수 있게 하는 것이 아니겠는가 하는 생각을 할 수 있다. 이런 생각을 극단적으로 밀고 나간 인물이 하이데거다. 그는 아예 존재자를 넘어서 있으며, 존재자를 존재자이게 하는 존재를 제시했다. 그러니까 하이데거가 말하는 이 존재는 존재하는 것이 아니다. 그런데도 그는 이 존재가 존재하는 것인 양, 그것도 강력하게 근원적으로 그리고 포괄적으로 존재하는 것인 양 문장의 주어로 내세운다. 예컨대 앞서 말한 것처럼 그는 "존재는 가장 불투명한 개념이다"라는 말을 한다.

  문제는 카오스적인 판면에서의 존재다. 이 존재는 사실 카오스 자체다. 하이데거의 시각으로 보면 카오스 자체로서의 존재 역시 존재하는 것이다. 그래서 그는 카오스 자체로서의 존재라 할지라도 자신이 말하는 존재와는 격이 다르다고 할 것이다. 하지만 코스모스적인 판면에서의 존재자들에 대해 존재한다고 말할 때와 카오스적인 판면에서 카오스 자체로서의 존재가 존재한다고 말할 때 '존재한다'는 것의 의미가 워낙 다르다. 전자의 존재는 개별적으로 존재하는 것들의 총체라는 뜻을 갖는데 반해 후자의 존재는 아예 아무 구분도 없기에 개별자니 보편자니 하는 것이 있을 수 없고, 그래서 그저 존재 자체인 것 같은 느낌이 든다. 그렇다고 카오스 자체로서의 존재가 아리스토텔레스가 말한 '존재자로서의 존재자'는 아니다. 아리스토텔레스가 말한 '존재자로서의 존재자'는 어디까지나 코스모스의 판면을 전제로 한 것이기 때문이다.

아무튼 하이데거가 말하는 가장 불투명한 존재는 엄격하게 말하면 카오스 자체로서의 존재를 살짝 바꾼 것이 아닌가, 그러면서 괜히 복잡하게 만든 것은 아닌가 하는 생각을 할 수 있다. 이에 사르트르는 일체의 구분이나 시간성을 허락하지 않고 그 자체로 반죽되어 있는 존재, 즉 순수즉자純粹卽自, pur en-soi를 제시한다. '즉자'는 다른 것들과 아예 관계를 맺지 않고 자기 자신에 딱 들러붙어 있는 것이다. 그리고 이 순수즉자로부터 코스모스의 판면에서 존재하는 것들을 존재한다고 인식하는 대자對自, pour-soi로서의 의식이 발생한다고 말한다. '대자'는 자기 자신을 바라보면서 자기 자신과 거리를 갖는 것이다. 존재하는 존재자들에 대해 존재한다고 '말할' 수 있는 인식론적인 근거는 대자인 의식이지만, 그렇게 '존재한다'고 말할 수 있는 존재론적인 근거는 순수즉자인 카오스 자체로서의 존재에 있다고 본 것이다.

최근 들어 '존재감'이라는 말을 많이 한다. "거기서는 내 존재감이 거의 없어지는 거 있지. 정말 기분 나쁘더라고." 이런 식이다. 이때 '존재감'이라는 말에 들어 있는 존재는 어떤 뜻을 갖는 것일까? 이 말이 아무도 나를 알아주지 않는다는 뜻이라면 이때의 존재는 남들이 나의 가치를 알아줄 때 성립하는 것이리라. "나의 존재를 실현하기 위해 죽도록 노력한다"는 말에서의 존재도 이와 비슷하다. '가치로서의 존재'인 셈이다. 그저 숨을 쉬면서 먹고산다고 해서 나의 존재가 확보되는 것이 아니라고 할 때 과연 나의 '존재'는 무엇일까? 현실에서의 존재가 아니라 이상적인 존재라고 해야 할 것이다. 그렇다면 존재에 대해 우리는 '현실적' 혹은 '이상적'이라는 수식어를 붙여서 구분할 수 있다고 생각하는 셈이다. 정말이지 존재가 무엇인지 정확하게 규정하기는 쉽지 않지만, 어쨌든 우리의 삶 속에 깊이 들어와 힘을 발휘하는 것임에 틀림없다. 그래서 철학에서는 '존재'라는 개념을 단적으로 치고 들어가 이해하고자 하는 것이다.

무

 존재와 대립되는 것으로 여겨 존재와 대비시키는 것이 무^{無}다. 무를 코스모스적인 존재자들에 대립되는 것으로 여기는가, 아니면 카오스적인 존재 자체와 대립되는 것으로 여기는가에 따라 무에 대한 생각이 크게 달라진다. 전자의 경우에는 이른바 '상대적인 무'가 떠오르게 되고 후자의 경우에는 이른바 '절대적인 무'가 떠오르게 된다. 그런데 우리말로, 예컨대 "어이쿠, 하필이면 그녀가 집에 없네"라고 할 때 '없음', 즉 지금 여기에서의 부재를 가리키는 무도 있을 수 있다. '지금 여기에서의 부재로서의 무'는, 예컨대 "반인반마는 실제로 없다"고 할 때의 '그냥 없음'으로서의 무와 사뭇 다르다. 그런데 "반인반마는 실제로는 없지만 상상 속에는 있다"고 할 수도 있고, "둥근 사각형은 상상 속에도 없다"고 할 수도 있고, "둥근 사각형은 상상 속에도 없지만 '둥근 사각형'이라는 말은 있지 않은가"라고 할 수도 있다.

 말하자면 무에도 급수가 있다는 이야기다. 그에 따라 무와 상관되는 존재에도 급수가 있다. 아리스토텔레스가 말했던 존재의 유비는 이를 말해준다. 하지만 역시 무는 존재만큼이나 다루기 힘든, 이른바 한계 개념이다. '어떤 방식으로도 존재한다고 말할 수 있는 근거를 전혀 갖지 않는 무엇'을 무라고 할 수 있을 것 같다.

하지만 이런 '무엇'으로서의 무가 있다고 할 수 있을까? 이에 우리는 '절대적인 무'를 염두에 둔 상태에서 "무는 있다"라는 말과 "무는 없다"라는 말의 차이를 생각하게 된다. '없다'라고 말할 수 있으려면 '없는 그 무엇'이 무엇인가를 염두에 두지 않으면 안 될 것 같다. 그렇게 되면 '없는 그 무엇'이 어떤 방식으로든 있다고 해야 하는 꼴이 된다. 그렇게 되면 "무는 있다"가 될 것이다. "무는 있다"라고 할 때 있음, 즉 존재는 도대체 어떤 존재인가? 이 존재는 코스모스적인 존재자들의 존재를 지칭하지 않음은 물론이고 카오스적인 존재 자체의 존재마저 지칭하지 않을 것이다.

이렇게 되면 존재와 무가 서로 대립되는 데서 갑자기 벗어나버리는 황당한 상황이 연출된다. 아마도 이를 염두에 둔 탓인지 모르지만 하이데거는 존재와 무를 동일시한다. 그러면서 '색즉시공공즉시색色卽是空空卽是色'이라는 불교의 입장을 두둔한 것으로 전해지고 있다. 그런데 헤겔은 서로 대립되는 것처럼 보이던 존재와 무가 변증법적인 지양 과정에서 '존재=무'로 동일한 것이 되면서 생성의 차원으로 나아간다고 말한다. 생성은 카오스가 코스모스로 변형되는 것이라 할 수 있다. 그러니까 헤겔의 경우 카오스를 존재와 무가 구분되지 않은 상태로 본 셈이다.

그런데 사르트르는 존재가 없으면 무가 없다고 한다. 무에 대해서는 '존재한다^{être}'라는 말을 붙일 수 없고 오로지 '현존한다^{exister}'라는 말만 붙일 수 있다고 여긴다. 그렇다고 무만 현존한다고 한 것은 결코 아니다. '현존'이 무엇인가에 대해서는 뒤에서 자세하게 다룰 것이다. 이래저래 왔다 갔다 하면서 이 책을 읽어야 한다. 아무튼 사르트르는 무가 순전히 대자인 의식의 차원에서만 성립한다고 보고, 결국에는 대자인 의식이 바로 무라고 말한다. 그리고 '부재', 즉 '없음'은 이 무이자 대자인 의식의 근본 기능인 '부정^{négation}'에 의거해서 성립한다고 말한다. 사르트르의 이런 입장은 무를 오로지 코스모스적인 판면에서만 성립하는 것으로 보는 셈이다. 말하자면 절대적 무는 없고 오로지 상대적 무만 있을 뿐이라고 주장하는 것이다.

흔히들 인생에 대해 '인생무상'이라는 말을 하면서 '무의미하다'거나 '허무하다'고 한다. 결국은 죽을 수밖에 없는 것이 인생이고 죽음은 일체의 것들을 아무것도 아닌 것으로 만들어 버린다고 여기기 때문이다. 과연 그런가? 오로지 나 자신의 존재에만 얽매여 있을 때는 그런 생각을 할 수 있다. 하지만 다른 사람들 없이는 현실의 나 자신이 존재할 수 없고 존재할 의미도 없다는 것을 깨달으면 생각이 달라진다. 이에 등장하는 개념이 불멸이다. 불멸은 내가 살아 있으면서 일구어놓은 가치와 의미들이 살아남은 다른 사람들을 통해 계속해서 새롭게 갱신되는 것을 의미한다. 불멸은 실제로 내가 영원히 죽지 않는 영생과는 완전히 다르다. 불멸의 생을 통해 죽음에 의한 삶의 무의미를 충분히 극복할 수 있다. 따라서 특별히 나의 죽음이라고 하는 것에 연연해할 필요가 없다. 무는 이래저래 삶을 위험에 빠뜨리는, 아주 조심하지 않으면 안 되는 일종의 존재론적인 독약임을 염두에 두어야 한다.

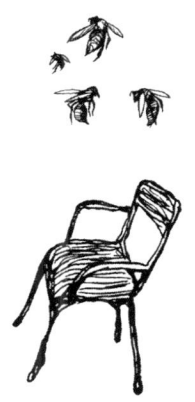

본질

 기본적으로 본질$^{\text{essence←essentia←eidos}}$은 존재자에게만 성립한다. 어떤 방식으로 존재하건 간에 각각의 존재자는 '어떤 것'이어야 한다. 이 '어떤 것'으로서의 존재자와 대립되는 것은 '아무것도 아닌 것'이다. '아무것도 아닌 것'은 본질을 전혀 갖지 않은 것이다. 말하자면 아무것도 아닌 존재자는 없다. 그래서 본질은 해당 존재자가 바로 '어떤' 존재자이게 하는 근거 내지는 원리가 된다. 이때 '어떤'은 인식의 대상이다. "그게 뭐니?"라고 묻는 것은 "그것은 어떤 것이니?"라고 묻는 것이고, 이에 "이것은 분필이야"라고 대답한다면 '분필'이 '어떤', 즉 이것의 본질에 해당하는 것이다. 이렇게 물음과 답변을 주고받는 것이 바로 인식 활동이다. 그러나 본질이 인식의 대상이라고 해서 그저 인식의 문제에만 해당되는 것은 아니다. 오히려 본질은 존재의 문제에 더 깊이 관련되어 있다.

 카오스가 코스모스로 변형되면서 원소들이 나온다고 했다. 그리고 이 원소는 단일한 본성^{physis}을 갖는다고 했다. 각각의 원소는 바로 그 본성 때문에 바로 그 원소가 된다고도 했다. 그러니까 본질은 본성과 연결되어 있는 것이다. 문제는 코스모스 속에 실제로 존재하는 존재자들은 기존의 본성을 상실[소멸]하고 다른 본성을 갖게 되는[발생], 이른바 생성을 겪는다는 사실이다. 여기에서 존재자가 본성을 상실할 때 본성 그 자체도 없어지는 것인가, 없어지지 않는 것인가 하는 문제가 나온다. 이 문제에 대해 어떻게 답변하는가에 따라 철학적인 입장이 많이 달라진다.

존재가 생성을 겪는다고 할 때 그 생성은 시간으로 보면 지금 여기에서 이루어진다. 미리 말하면 지금 여기에서 이루어지는 생성의 현장을 지목하는 것이 바로 '현존existence'이다. 현존을 갖는 것을 달리 말해 '실재a reality'라고도 한다. 따라서 엄격하게 말하면 코스모스 내에 실제로 존재하는 존재자들은 현존자an existent다. 본성을 갈아 끼는 생성이 오로지 현존자들이 서로 작용을 주고받는 관계에 의해서만 일어난다고 할 때 본성, 즉 본질은 현존에 의거한 것이 된다. 이런 입장을 취하는 대표적인 철학자가 바로 사르트르다. "현존은 본질에 앞선다"라는 그의 유명한 언명은 본질이 현존자들과 분리되어 따로 존재하는 일은 있을 수 없을 뿐만 아니라 현존자들의 현존 없이는 현존자 속의 본질 자체가 성립할 수 없다는 주장을 담고 있다. 고대 그리스적인 방식으로 말하면 본질은 그 자체로 어떤 의미로든 실체가 될 수 없다고 주장한 셈이다.

생성 중인 현존자들과 별개로 본성, 즉 본질이 따로 있을 뿐만 아니라 그 본질이 현존자들의 현존보다 앞선다고 여기는 인물이 바로 플라톤이다. 그렇다는 조건하에 본질을 이데아 혹은 형상이라고 한 것이다. 그리고 본질은 개별적인 현존자들과 별개로 존재할 수는 없지만 각각의 존재자^{즉 알고 보면 현존자}를 바로 그 존재자로 있게 하고, 그래서 본질은 제2실체라고 본 것이 아리스토텔레스다. 이 점에 있어서 아리스토텔레스는 스승 플라톤을 충실히 따랐다.

플라톤이나 아리스토텔레스처럼 본질이 그 나름의 실체성을 갖는다고 보게 되면 생성 중인 현존자들이 그 본질을 얼마나 충실하게 갖추고 있는가에 따라 현존자들의 질적인 정도가 구분되면서 좋고 나쁨이 결정된다. 그리고 그에 따른 좋고 나쁨은 말 그대로 본질적인 것이 된다. 아울러 모든 도덕적인 품성도 본질적인 것이 된다. 그와 반대로 사르트르 식으로 현존이 본질에 앞선다고 말하게 되면 좋고 나쁨을 비롯한 도덕적인 품성들은 본질적인 것이 아니라 임의적인 것으로 추락하게 된다.

개인적으로건 공동체적으로건 제대로 된 삶을 영위하기 위해서는 주어지는 사건이나 상황에 대해 그 본질을 정확하게 꿰뚫어 파악하는 일이 필수적이다. 한미 FTA의 본질이 무엇인가?

한반도 남북분단의 본질은 무엇인가? 누구든지 좋은 대학에 가려고 안간힘을 쓰는데 그 본질은 무엇인가? 기타 등등. 그러나 대부분의 중요한 사안들은 여러 본질이 복합적으로 결합되어 있기 때문에 주어진 사안의 본질을 파악하기 위해서는 그 복합적인 본질들 각각이 어떤 성격을 띠고서 어떤 힘으로 작동해 지금 이 사안의 본질을 형성하고 있는가를 알아야 한다. 그만큼 정확한 정보가 필요하고, 또 배경지식을 잔뜩 알고 있어야 하는 것이다. 왜 뛰어난 통치자를 선택해야 하는가가 그래서 중요하다. 한 가지 덧붙이면 어떤 공부를 하건 간에 공부란 기본적으로 개념들의 본질을 파악하는 것이라는 사실이다. 그만큼 본질이란 개념은 실용적으로 인식, 즉 지식과 깊이 관련되어 있다.

현상

현대 철학에서는 지금 여기에서 생성^{발생과 소멸} 중인 현존자들이 어떻게든 우리 인간의 인식 능력과 관련해서 드러나는 것을 현상^{現象, phenomenon←phainomenon}이라고 한다. 이때 우리의 인식 능력을 보편적인 것으로 보느냐, 아니면 개별적이고 현존적인 것으로 보느냐에 따라 현상의 개념이 달라진다.

칸트가 《순수이성비판^{Kritik der reinen Vernunft}》에서 '예지계^{noumena}'와 대립되는 '현상계^{phenomena}'를 말했을 때 그 현상계와 필연적으로 마주하고 있는 인식 능력은 보편적이고 순수하고, 이른바 초월론적인^{transzendentale} 인식 능력이다. 이는 어느 누구의 특정한 인식 능력이 아니라 인간 의식 일반을 지칭한다. 이를 일컬어 '초월론적 통각^{transzendetale Apperzeption}'이라고 한다. 그러니까 칸트가 말하는 현상은 지금 여기에서의 현상이 아니라 언제 어디서든지 성립하는 현상이다. 언제 어디서든 성립한다고 해서 플라톤이 말하는 이데아처럼 아예 현상을 넘어선 현상은 아니다. 칸트의 경우 현상 일체를 가능하게 하는 것은 바로 감각 능력을 갖추고서 활용하는 인간 주체인 데 반해 플라톤의 이데아들은 오히려 감각 능력에 의해 전혀 휘둘리지 않고 순전히 이성만을 발휘하는 주체이기 때문이다.

지금 여기에서 생성 중인 현존자들이 우리 인간의 인식 능력에 의해 드러나는 것을 현상이라고 할 때 그 현상은 도저히 감각을 벗어날 수 없다. 그런데 감각의 내용은 무시로 변한다. 그것은 현존자들이 기본적으로 생성 중에 있기 때문이다. 그렇게 시시각각 변하는 감각 내용을 현상과는 구분해서 현출顯出, appearance, Erscheinung이라고 한다. 이 개념은 후설Edmund Husserl, 1859~1938이 창시한 현상학에 의거한 것이다. 현출은 시시각각 새로운 모습들을 보여주는 것이기 때문에 후설은 복수로 써서 '현출들Erscheinungen'이라고 한다. 후설은 현상과 현출을 정확하게 구분한다. 후설은 감각적인 현출들을 바탕으로 감각적인 본질예컨대 "이 쿠션은 원통형이고 딱딱하다"고 할 때의 '원통형임'과 '딱딱함'이 현상으로서 성립한다고 본다. 그리고 감각적인 본질들을 바탕으로 지성적인 본질들예컨대 '분필임', '하나임', '아름다움', '정의' 등이 생겨난다고 보았다. 그리고 그는 이 모든 본질이 현상한다고 보았다. 그러니까 '현상학'은 본질들이 근본적으로 현상한다는 것을 주장했다고 해서 붙여진 이름이다.

본질들이 현상한다고 보는 후설의 입장은 플라톤적인 전통과 크게 대립된다. 본질과 현상을 대별하면서 본질은 현상하지 않고 오히려 현상에 의해 숨겨지고 오염된다고 본 것이 플라톤적인 전통이다. 플라톤적인 전통은 본질을 있는 그대로 직관하기 위해서는 감각적인 능력을 벗어나서 오로지 순수이성적인 능력만을 갖추어야 한다고 여긴다. 그런 점에서 후설의 현상학은 대단히 혁신적이다. 이를 이어받은 사르트르는 심지어 카오스적인 존재 자체마저도 현상한다고 말한다. 달리 말하면 칸트가 사물 자체라고 하면서 결코 현상하지 않는다고 한 것조차 현상한다고 한 셈이다.

'삶의 현상'이라는 말에는 '삶의 본질들' 역시 고스란히 들어 있다. 삶의 현상을 있는 그대로 파악할 수 있다면 그야말로 삶 자체의 본질을 파악하는 것이다. 사진 작업에도 현상이라는 과정이 있다. 필름에 새겨진 빛의 흔적을 암실에서 정착액으로 고착시키는 작업이다. 필름에 새겨진 상을 빛이 있는 곳에서 여실히 계속 볼 수 있게 하는 것이 바로 현상 작업이다. 일상생활에서 우리는 나의 삶이 어떻게 되는지 정확하게 파악하기가 힘들다. 나의 삶을 제대로 현상하지 못하는 것이다. 나의 삶을 제대로 현상할 수 있다면 내 삶의 가치와 의미와 본질들을 제대로 파악할 수 있을 것이다. 우리는 '사회현상'이라는 말도 예사로 쓴다. 사회현상을 있는 그대로 파악하고자 하는 학자들은 무수히 많다. 그 외에 '물리적인 현상'이라는 말도 쓴다. 현상이라는 개념은 기본적으로 '드러나 펼쳐진다'는 뜻을 담고 있다. 본질이 드러난다는 것이고, 일체의 것들이 드러나 펼쳐진다는 것이다. 그런 점에서 현상은 지금 여기의 일체의 현존을 담고 있다고 해야 한다.

현존

　전통적으로 현존$^{\text{existence}←\text{existentia}←\text{existere}}$은 본질과 대립되는 것이었다. 코스모스 내의 존재자들은 어떻게든 현존해야 한다. 현존한다는 것은 지금 여기에서 생성을 겪고 있다는 뜻이라고 했다. 그런데 '현존하다'라는 말의 뜻을 더 세밀하게 살펴보아야 한다. '현존하다'라는 뜻을 지닌 라틴어는 'existere'^{엑시스테레}다. 이 말을 분석하면 'ek-sistere'가 된다. 여기에서 'ek'은 '바깥'을 뜻한다. 그리고 'sistere'는 '서 있다'를 뜻한다. 그러니까 'existere'는 '바깥에 서 있다'라는 의미다. 문제는 어디의 바깥일까 하는 것이다. 바로 자신의 바깥이다. 말하자면 현존하는 것들은 항상 자기 바깥에 존재한다. '자기 바깥'은 생성과 직결된다. 생성 중인 것은 이미 늘 기존의 본성을 적든 많든 다른 본성으로 바꾸고 있기 때문이다. 말하자면 생성 중인 것은 지금의 자신임을 벗어나서 다른 것이 되는 과정을 거치고 있다.

　'바깥에 존재함'은 '지금'이라는 시제에도 나타난다. '지금'하고서 지목을 할라치면 지금은 새로운 '지금'이 되고 만다. 그리고 그 새로운 지금에 대해 '지금' 하고서 지목을 할라치면 그 새로운 지금 역시 순식간에 또 다른 새로운 지금이 되고 만다. 말하자면 지금은 이미 늘 자기 바깥에서 성립하는 것이다. 달리 말하면 지금은 자기 동일성^{identity}을 지닐 수 없고 오로지 차이에 의해서만 존립한다.

현존한다는 것은 근원적으로 자기 동일성을 지닐 수 없다는 뜻이다. 그리고 현존하는 것은 근본적으로 자신 속에 차이라 일컬을 수 있는 간극을 지니고 있다. 그렇지만 우리는 현존하는 것에 대해 어떻게든 '어떤 것'이라고 말하지 않을 수 없다. 그래서 현존자는 본질을 갖는다고 했다. 그러면서 그 본질이 근본적으로 현존에 의존한 파생적이고 이차적인 것인지, 아니면 현존과 별개로 독자적으로 존재할 수 있는 일차적인 것인지가 문제라고 했다.

그러니까 현존자는 본질의 계기와 현존의 계기를 함께 지니고 있는 셈이다. 그런데 현존은 본질을 훼손하는 경향이 있다. 무슨 말이냐 하면 현존자가 생성을 겪을 수밖에 없는 것은 현존자의 본질 때문이 아니라 현존 때문이다. 어느 특정한 나무가 불에 탈 때 불타고 있는 그 나무가 바로 현존자이고, 그렇게 불타면서 생성을 겪고 있음이 바로 현존이다. 말하자면 현존 상태는 본질이 바뀌고 있는 상태인 반면, 본질은 자기 동일적인 상태를 굳건히 유지하는 데서 성립한다. 따라서 현존은 항상 본질을 훼손하는 셈이다. 그러니까 플라톤이 말한 이데아는 현존은 없고 오로지 본질 자체로만 있을 뿐이다. 그래야만 본질로서의 이데아가 전혀 훼손되지 않고 영원불변한 것으로 존재할 수 있기 때문이다. 전통적으로 현존과 본질이 일치하는 것은 오로지 신밖에 없다고 하는데, 이는 한편으로 신이 존재론적인 모순, 즉 현존과 본질 간의 모순을 완전히 극복한 존재임을 말하는 것이다.

그런데 현존을 완전히 벗어버린 것이 이데아라면 본질을 넘어서서 현존을 가장 강력하게 구비하고 있는 존재자가 바로 인간이다. 그런데 이 인간에게, 예컨대 신으로부터 주어진 본래의 본질이 따로 정해져 있다고 여기게 되면, 그리고 신을 인간이 따르지 않으면 안 되는 절대자로 보게 되면 인간 현존은 인간 본질에 얽매이게 될 것이다. 그리고 그 인간 본질에서 모든 도덕적이거나 종교적인 내용이 미리, 이른바 선험적으로$^{a\ priori}$ 설립될 것이다.

그 반대로 인간 본질보다 인간 현존, 즉 이미 늘 지금 여기에서의 생성을 겪는 삶이 인간의 근본이라고 보면 인간은 근본적으로 인간 본질을 넘어서 있는 현존자가 될 것이다. 이런 입장을 강력하게 밀고 나간 인물이 하이데거와 사르트르다. 그래서 그들의 철학을 흔히 '실존철학'이라고 하는데, 그때의 '실존'은 'existence', 즉 '현존'이다. 따라서 우리는 이제부터 '실존철학'이라고 하지 말고 '현존철학'이라고 해야 한다.

지금 여기에서의 삶을 가장 근원적으로 여기는 것은 대단히 중요하다. 지금 여기에서의 삶을 근원적으로 여길 때 거기에는 과거와 미래의 삶 역시 모두 들어 있다. 지금 여기는 제아무리 발버둥 쳐도 벗어날 수 없는 절대적인 삶의 한계다. 명상을 하거나 선(禪) 수행을 해서 지금 여기를 벗어나고자 애쓰는 것은 말 그대로 말짱 도루묵이다. '지금 여기의 항존'을 정확하게 깨닫고 거기에서부터 삶을 기획하고 실천해나가야 하는 것이다. 지금 여기는 현존의 근본 형식이다. 그렇기에 현존이야말로 삶을 근본적으로 설립할 수 있는 토대가 되는 것이다. 이는 특별히 유념해야 할 일이다.

개별자 · 보편자

흔히 논리학에서는 '개별→특수→보편'의 구도를 제시한다. 개별자는 나름의 통일된 개물성^{entity}을 띠고 있는 현존자를 일컫는다. 예컨대 지금 여기를 차지하고 있는 하나하나의 사물들이라든지 사람들을 일컫는다. 달리 개체라고도 한다. 개체 혹은 개별자를 뜻하는 'the individual'에서 'individual'은 다 알다시피 '더 이상 나눌 수 없다'는 뜻을 가지고 있다. 나무 한 그루를 톱으로 잘라버리면 그 나무의 '나무로서의 개별성'이 사라진다. 그 대신 여러 개별적인 목재가 생겨난다. 개별자를 지칭하기 위한 지시관형사가 '이 나무' 혹은 '저 나무' 혹은 '그 나무'라고 할 때의 '이', '저', '그' 등이라는 사실을 특별히 유념해 두어야 한다.

'나무로서의 개별성'이라고 했는데, 이와 대비되는 '나무로서의 보편성'을 생각할 수 있다. 그렇게 되면 '나무 자체' 혹은 '나무 일반' 혹은 '본질로서의 나무' 혹은 '개념으로서의 나무'가 된다. 여기서는 '개별자로서의 이 나무' 대신에 '보편자로서의 나무'를 떠올리게 된다. 이와 같은 보편성을 특별히 '종種적인 보편성'이라고 한다. '종'은 영어로는 'species'라고 한다. 'eidos'를 주로 형상形相이라고 번역하는데, 이 말에는 '종'이라는 뜻도 포함된다. 여기에서 형상은 본질이다. 그러니까 '종적인 보편성'은 '종적인 본질'이라 불러도 전혀 문제가 없는 셈이다.

종적인 본질로서의 '종적인 보편자'는 언뜻 생각해봐도 알 수 있지만 상대적이다. 이와 관련해서는 집합을 생각하는 게 편리하다. '개별자인 이 참나무'는 '보편자인 참나무'라는 집합에 속한다. '보편자인 참나무'는 '보편자인 소나무' 등과 더불어 '보편자인 나무'에 속한다. '보편자인 나무'는 '보편자인 풀' 등과 더불어 '보편자인 식물'에 속한다. '보편자인 식물'은 '보편자인 동물' 등과 더불어 '보편자인 생물'에 속한다. '보편자인 생물'은 '보편자인 무생물'과 더불어 '보편자인 존재'에 속한다. 이렇게 될 때 논리학에서는 '보편적인 존재'를 최고류最高類라고 한다. 존재하는 모든 개별자와 하위의 모든 보편자를 포괄하는 최고의 류라는 뜻이다. 그리고 '개별자인 이 참나무'에 대해 '보편자인 참나무'를 최근류最近類라고 한다. 해당 개별자에 가장 가까운 류라는 뜻이다. 최고류의 관점에서 볼 때 최근류를 비롯한 중간의 모든 보편자를 특별히 특수자라고도 한다. 그래서 개별자는 특수자를 매개로 해서 보편자와 연결된다고 말한다. 예를 들어보자. "모든 인간은 죽는다. 조광제는 인간이다. 그러므로 조광제는 죽는다." 이 삼단논법에서 조광제는 개별자이고, '죽는다'는 보편자이고, '인간'은 특수자다. '인간'이 '조광제'와 '죽는다'를 매개해주고 사라짐으로써 "조광제는 죽는다"라는 결론이 나오는 것이다.

여기에서 내포內包, connotation와 외연外延, extension이라는 논리학적 개념을 생각할 수 있다. 내포는 하나의 개념을 정의하는 내용들을 뜻한다. 외연은 하나의 개념으로 포괄할 수 있는 개별자들의 양을 뜻한다. "내포의 양과 외연의 양은 서로 반비례한다"라는 논리학의 유명한 규칙이 있다. 개별자는 내포의 양이 가장 많다. 물론 여러 개별자를 비교해서 하는 이야기는 아니다. 해당 개별자가 속해 있는 상위의 보편자들과 비교해서 하는 말이다. '나무'라는 개념은 '식물'이라는 개념에 비해 내포의 양은 많고 외연의 양은 적다. 참고하기 바란다.

그런데 보편적이라고 할 때 '종적인 보편성' 말고 '역량의 보편성'을 생각할 수 있다. 예컨대 중력은 우주 내의 모든 물질에 적용된다. 그렇다고 해서 중력을 물질의 종種이라 할 수는 없다. 하지만 중력은 모든 물질에 보편적으로 역량을 발휘한다. 전통적으로 신을 보편자라고 할 때 그 신의 보편성을 '종적인 보편성'으로만 여기는가, 아니면 '역량의 보편성'으로만 여기는가,

아니면 둘 다의 보편성으로 여기는가에 따라 신을 이해하는 입장도 달라진다. 만약 전지전능하다고 해서 신의 보편성을 역량의 보편성으로 여기게 되면 개별 인간들을 포함해서 우주 내에 존재하는 모든 개별자는 신의 지배하에 들어가게 된다. 중세의 보편 논쟁이라는 것이 있다. 논쟁을 벌인 그들은 보편자가 실재하는가 아니면 이름에 불과한가를 놓고 오랫동안 투쟁을 벌였다. 보편자가 이름에 불과하다고 할 때 가장 난감한 것은 전통적으로 신을 최고의 보편자로 여겨왔는데, 보편자가 이름에 불과하다고 하면 자칫 무신론에 빠지게 된다는 점이다. 만약 신을 보편자라고 하되, 종적인 보편성을 띠는 것이 아니라 역량의 보편성을 띤다고 했더라면 보편자는 이름에 불과하다는 입장을 취하기가 불가능했을 것이다.

헤겔은 묘하게도 '구체적 보편자'라는 개념을 만들어 활용했다. 이와 대비되는 것이 전통적으로 '종적인 보편자'라고 불려왔던 '추상적 보편자'다. 추상적 보편자는 개념상 자신이 포괄하는 구체적인 개별자들을 넘어서기만 할 뿐, 그 구체적인 개별자들이 지닌 역량들을 포괄하지 못한다. 그런데 헤겔은 보편자이면서도 자신이 포괄하는 구체적인 개별자들의 역량들을 아울러 가지는 보편자를 구체적 보편자라고 했다. 헤겔은 그 예로 국가를 든다. 이를 자칫 잘못 활용하게 되면 국가주의가 나오게 되고, 극단화되면 파시즘적인 정체政體가 확립된다. 헤겔의 이 같은 생각은 홉스Thomas Hobbes, 1588~1679의 사회계약론에 의거한 군주제라든지, 루소Jean Jacques Rousseau, 1712~1778의 일반의지에 영향을 받은 것이라 할 수 있는데, 그 이후 시민혁명을 통해 확립된 오늘날의 대의제 등으로 실현되었다고 할 수 있다. 그런데 과연 국가가 그럴 수 있는 권리가 근본적으로 어떻게 성립하는가를 곰곰이 따져보면 얼마든지 국가주의적인 폐해를 미연에 방지하는 법률적인 장치를 마련할 수 있을 것이다. 보편자가 개별자에 대해 갖는 위력을 과연 근본적으로 인정할 수 있는가 없는가는 사회정치적으로 중요한 사안이다. 덧붙이면 오늘날 강력한 보편적 위력을 발휘하는 자본에 대해서도 과연 그 위력의 근거가 무엇인가를 곰곰이 따져 그 정체正體를 파악함으로써 자본주의의 폐해로부터 벗어날 길을 마련할 수 있을 것이다.

가능태 · 현실태

 지금 여기에서 생성을 겪으면서 현존하고 있는 존재자를 우리는 현존자라고 했다. 생성을 겪는다는 것은 어떻게든 본성을 바꾸는 것이라고 했다. 그리고 본성은 본질과 직결된다고 했다. 그런가 하면 현존자는 본질과 현존을 갖는다고 했다. 그리고 현존은 본질을 훼손하는 경향이 있다고 했다.

 그런데 현존이 무조건 본질을 훼손한다고 할 때 훼손은 그 기본적인 말뜻과는 달리 나쁘다거나 좋다거나 완전하다거나 불완전하다거나 하는 가치와 관련해서 한 말은 아니다. 그동안 지니고 있던 본질을 다른 본질로 바꾸는 중이라고 할 때 그동안 지니고 있던 본질에 대해 훼손이라 했던 것이다.

 현존을 통해 새로운 본질을 갖게 된다고 할 때 이전의 본질과 새로운 본질 사이에 아무런 관계가 없다고 말하는 것은 있을 수 없는 일이다. 예컨대 씨앗이 발아하여 싹이 된다고 하면 본질적으로 씨앗은 싹으로 바뀔 수 있는 내용을 담고 있다는 뜻이다. 즉 씨앗의 본질은 싹으로서의 본질로 바뀔 수 있다.

이때 새로운 본질을 기준으로 이전의 본질을 생각할 때 이전의 본질을 지녔던 과거의 현존자를 새로운 본질을 지닌 지금의 현존자에 대해 가능태^{可能態,dynamis, potentiality}라고 한다. 그리고 지금의 본질을 지니고 있는 현존자를 현실태^{現實態,energeia, actuality}라고 한다. 이는 아리스토텔레스가 개발한 개념들이다. 무조건 지금 여기의 현존자는 그 자체로 현실태다. 그런데 이 현실태로서의 현존자가 생성을 통해 새로운 본질을 받아들여 앞으로 그렇게 될 미래의 현존자에 대해서는 가능태가 되는 것이다. 그러니까 모든 현존자는 현실태인 동시에 가능태다.

중요한 것은 '가능태'라고 할 때 '가능'이라는 말이 지니고 있는 묘한 뜻이다. 가능이라는 말에는 앞으로 그렇게 되었으면 하는 바람이 암암리에 들어 있다. 그러니까 가능태라는 말에는 지금 여기의 현실태로서의 현존자가 항상 미래를 '꿈꾸며' 나아가고자 한다는 뜻이 들어 있는 것이다. 만약 모든 현존자가 그렇다고 여기면 목적론적인 우주관이 탄생하게 된다. 말하자면 모든 현존자는 끝내 실현하고자 하는 바람들을 가지고 있으며, 그 바람들을 실현하고자 노력한다는 것이다. 아리스토텔레스의 존재론을 목적론이라 할 때 바로 그런 뜻을 갖는다.

그런데 현존자들의 생성이 그와 같은 바람이나 목적을 전혀 가지고 있지 않다고 말할 수도 있다. 예컨대 데카르트^{René Descartes,}

1596~1650는 우주의 모든 생성은 기계적인 방식으로 일어난다고 해버렸다. 그럼으로써 아리스토텔레스의 위력에 눌려 있던 사상사의 흐름을 완전히 바꿔버렸다.

하지만 데카르트도 인간의 정신만큼은 목적을 향해 움직이는 것이라고 했다. 이 경우에도 목적을 어떻게 보는가에 따라 인간 존재에 대한 관점이 크게 달라진다. 목적을 신이 미리 설정한 인간의 본질을 완전히 획득하는 것이라고 하게 되면, 결국 인간을 현존 중심보다 본질 중심으로 보게 된다. 이때 목적은 인간에 대해 철저히 초월적이고 외부적이다. 그 반대로 목적을 개개 인간의 내부적인 것으로 수시로 바꿀 수 있다고 여기게 되면 본질보다는 현존을 중시하는 인간론이 나오게 된다. 현존철학자들이 그런 입장을 취한다. 목적을 선택해서 설정하는 가능성, 즉 자유가 인간의 현존 자체에서부터 근원적으로 마련되어 있다고 보는 것이 바로 현존철학적 입장이다.

인간이 다른 동물들과 크게 다른 점은 가능태가 무궁무진하다는 점이다. 돌잔치 풍경 중에 가장 관심을 끄는 것이 돌잡이다. 요즘에는 의사가 인기가 있으니 청진기가 동원되고, 아나운서 등 방송 직종이 인기가 있으니 마이크도 등장한다. 그런가 하면 어른들은 어린아이들에게 예사로 "너, 커서 뭐가 되고 싶니?"라고 묻는다. 인생은 어쩌면 미래의 가능성을 향해 이루어진다고 해도 과언이 아니다. 말하자면 미래의 현실태를 목표로 삼아 지금의 현실태가 그 미래의 현실태를 위한 가능태 역할을 충분히 할 수 있도록 노력하는 것이 인생이다. 하지만 한편으로 보면 그저 미래만을 바라볼 수는 없다. 지금 여기에서의 구체적이고 현실적인 삶을 그때그때 최대한 폭넓고 깊이 있게 향유하는 것이 인생의 맛이기 때문이다. 사회나 국가도 마찬가지다. 그저 미래를 위해서 지금의 현실을 힘들게 끌고 간다는 것은 어쩌면 어리석은 짓인지도 모른다. 하지만 중요한 것은 지금 여기에서 나의 삶을 목적없이 향유하다 보면 곧 닥칠 미래의 삶이 암울해질 수 있다는 것이다. 말하자면 '쾌락주의적 역설'이라고 하는 올무에 걸려들 수 있다. 지금 여기에서 최대한의 쾌락을 위해 예컨대 마약에 빠져들면 미래의 삶은 암울하기 십상이다. 따라서 가장 중요한 것은 지금 여기에서 향유하는 현실적인 삶의 내용을 미래에 향유하게 될 현실적인 삶의 내용을 위해 심화 확대해 나가도록 해야 한다는 것이다. 이야말로 삶의 최상의 지혜가 아닐 수 없다.

완전태

　아리스토텔레스적인 목적론에 입각해서 볼 때 하나의 현존자가 가능태에서 현실태로 생성을 거듭한다는 것은 더 좋고 바람직한 완전한 본질을 조금이라도 획득해가는 것이 된다. 이를 현존이 본질을 훼손하는 경향이 있다는 것과 결합해서 생각할 수 있다. 이렇게 되면 이제 현존이 본질을 훼손하는 것이 아니라 현존이 본질을 강화하는 경향을 띠게 된다. 현존자에서 본질이 점점 강화된다는 것은 현존자가 더욱더 완전한 존재가 되어감을 뜻한다. 완전한 존재란 결국 현존자가 더 이상 생성을 겪을 필요가 없을 정도로 현존의 과정을 다 거쳤다는 의미다. 그렇게 해서 현존자가 완전한 존재가 되었을 때 그 현존자의 상태를 완전태完全態라고 한다.

　완전태를 갖춘 현존자가 있다고 한다면 그 현존자는 참으로 묘한 존재다. 생성을 필요로 하지 않는데 생성을 거듭해야 하고, 그 거듭되는 생성을 통해서도 새로운 본질을 전혀 받아들이지 않을 테니 기묘할 수밖에 없다. '새로운 본질을 받아들이지 않는 생성'이란 기본적으로 모순이다. '생성이 아닌 생성'이기 때문이다. 따라서 '현존하지 않는 현존자'라는 모순된 개념도 나올 것이다. 자신 속에서 본질과 현존이 전혀 상치되지 않는 현존자가 되는 것이다. 이를 일컬어 현존과 본질이 동일한 상태가 되었다고 하고, 신이야말로 바로 이런 현존자라는 것이다.

그런데 근대에 이르러 라이프니츠^{Gottfried Wilhelm Leibniz, 1646~1716}가 '엔텔레케이아^{entelecheia}', 즉 완전태라는 개념을 묘하게 활용한다. 라이프니츠는 현존하는 모든 현존자가 각기 완전태라고 해 버렸다. 라이프니츠는 개개 현존자들을 '모나드^{monad}'라 부른다. 그가 말하는 모나드는 더 이상 분해될 수 없고, 개별적이면서도 영원하고, 단순하면서도 전 보편적이다. 그리고 모나드들끼리는 전혀 작용을 주고받지 않는다고 한다. 그런데도 각각의 모나드는 자신 속에 온 우주를 반영하고 있다고 라이프니츠는 말한다. 다른 것들과 전혀 작용을 주고받지 않는다는 것은 생성을 겪지 않는 현존자라는 의미다. 그러니까 그 자체로 영원불변한 것이다. 그러면서 부족한 것이 전혀 없을 정도로 온 우주를 함축하고 있다. 그렇기 때문에 모나드를 완전태라고 부른 것이다.

가끔 우리는 과연 우리 인간의 삶을 이토록 처참하고 잔인할 정도로 끈덕지게 밀고 나가는 힘이 무엇인가 하는 의문을 갖는다. 그냥 대충 살면 될 법도 한데, 그렇게 함부로 삶을 포기하는

자들은 드물다. 하지만 때로는 노숙자들의 처참한 삶을 목격하고 한편으로는 그 지경에 내가 처해 있지 않다는 사실에 안도감을 느끼면서도, 다른 한편으로는 어차피 죽을 수밖에 없는 인생이니 처음부터 노숙자와 같은 존재가 아닐까 하는 상념에 젖어보기도 한다. 저 깊은 곳에서부터 비관적인 분위기가 솟아오르면 정말이지 조심해야 한다. 그럴 때 필요한 것이 바로 최고도의 이상理想이다. 더 좋은, 더 완벽한, 더 강렬한, 더 바람직한, 더 가치 있는 상태가 나를 기다리고 있다는 생각이 필요한 것이다. 그럴 때 가장 완전한 존재인 신을 생각하게 된다. 사르트르는 인간이면 누구나 근본적으로 신이 되고자 하는 욕망을 갖는다고 설파했다. 사르트르가 생각한 신은 완전한 정신이자 완전한 물질인 그런 존재였다. 그것은 여기에서 말하는 완전태의 한 형태다. 일체의 가능성이 완전히 실현된 상태가 완전태다. 알게 모르게 완전한 자기 자신을 꿈꾸지 않는 인간은 없다고 해도 과언이 아니다. 다만 그 실현이 불가능하기 때문에 인간 존재는 현실과 이상 사이의 간극을 메우고자 노력하는 데서 성립한다고 할 수 있다. 진정으로 이상적인 삶을 꿈꾸는 자는 다른 한편으로 자신이 처한 현실을 결코 무시하지 않는다. 완전태란 바로 완전한 현실태이기 때문이다.

{ 3장 }

존재 중심에서
사유 중심으로

| 인식 편 |

"화이트헤드가 말한 것처럼 유럽 철학이 플라톤에 대한 각주라면 근대 유럽 철학은 데카르트에 대한 각주다." 폴란드 철학자 콜라콥스키의 말처럼 데카르트 철학은 근대 철학의 분수령이 되었다. 데카르트의 철학에서 가장 핵심적인 것은 인식론의 문제였고 그의 인식론은 "코기토 에르고 줌"이라는 짤막한 언명에서부터 시작된다.

코기토

다들 잘 알다시피 '코기토^{cogito}'라는 말은 데카르트의 "코기토 에르고 숨$^{cogito,\ ergo\ sum}$"을 통해 정착된 개념이다. 말 그대로 번역하면 "나는 생각한다, 그러므로 나는 존재한다"다. 그러니 결국 코기토는 생각, 즉 사유의 문제로 집중된다. 코기토는 그 자체로 항상 반성이라고 할 수 있다.

철수가 영희에게 "너 어디 가니?" 하고 묻자 영희가 "응, 엄마 심부름 가"라고 대답한다고 하자. 영희가 이렇게 대답하려면 적어도 '엄마 심부름 가는 나'를 자신의 의식에 떠올리지 않으면 안 된다. 의식은 일종의 거울과 같다. 영희는 자신도 모르게 자신의 처지를 자신의 의식에 떠올렸던 것이다. 무엇인가가 의식에 떠올랐을 때 의식에 떠오른 내용을 표상$^{재현\ representation}$이라고 한다. 그리고 그렇게 무언가를 의식에 떠올리는 것을 '표상한다^{재현한다}'고 한다. 그러니까 영희는 자기도 모르게 자신의 의식에 떠오른 표상, 즉 사유 내용을 철수에게 말로 표현한 것이다.

중요한 것은 이때 영희가 자신이 그렇게 생각한다고 혹은 그렇게 표상한다고 짐짓 의도적으로 분명하게 생각한 것이 아니라는 사실이다. 말하자면 철수가 물었을 때 영희는 '내가 지금 어디 가지? 아 맞다. 엄마 심부름 가는 중이지' 하는 식으로 스스로를 짐짓 점검한 것은 아니었다. 이런 경우 영희의 코기토를 '비반성적' 혹은 '선반성적'인 코기토라고 부른다. 이와 대비해서 짐짓 의도적으로 생각해서 수행하는 의식 활동을 '반성적인 의식' 혹은 '반성적인 코기토'라고 부른다. 이 둘의 관계가 중요한데, 예컨대 사르트르는 이렇게 말했다. "반성을 가능하게 하는 것은 비반성적$^{non-réflexive}$ 의식이다. 데카르트적인 코기토의 조건인 선반성적인$^{先反省的, préréflexif}$ 코기토가 있다." 반성적인 코기토보다 선반성적인 코기토가 더 근본적인 바탕이 된다는 이야기다.

이와 달리 데카르트는 "나는 생각한다, 그러므로 나는 존재한다"라고 했을 때 '나의 생각'을 반성적인 코기토로 여겼고, 반성적인 코기토만이 진정한 코기토라고 생각했다. 데카르트는 비반성적인 혹은 선반성적인 코기토를 염두에 두지 않았던 것이다. 데카르트 식으로 보면 철수가 영희에게 "지금 너 뭐 하니?" 하고 물었을 때 영희가 "나 지금 생각 중이야"라고 한 것과 다름없다. 이때 영희는 '생각하고 있다는 것을 생각한 것'이 된다. 영희의 생각은 영희의 생각을 생각하고 있는 것이다. 이런 코기토를 일컬어 반성적 코기토라고 한다.

하지만 반성이라는 말은 충분히 넓게 볼 수 있다. 다소 어렵게 들리겠지만 표상 작용 자체를 반성이라 할 수 있다. 그렇게 되면 모든 코기토는 그 자체로 반성인 셈이고, 따라서 '비반성적 반성'이라든가 '선반성적 반성'이라는 다소 모순처럼 들리는 사태가 가능하게 된다. 예컨대 몸 현상학자인 메를로퐁티는 '몸엣 반성réflexion corporelle'이라는 말을 한다. 이는 몸이 사유와 상관없이 제 스스로 반성한다는 의미다. 박지성이 몰입해서 축구를 할 때 그의 몸동작은 때로 자신의 의지와 전혀 상관없이 저절로 기가 막히게 목적을 달성하기도 한다. 이럴 때 몸이 스스로 반성했다고 말할 수 있다는 이야기다.

중요한 것은 왜 반성하느냐 하는 것이다. 알든 모르든 뭔가 일이 잘못되면 반성을 수행한다. 그렇게 해서 잘못된 일을 반복하지 않으려는 것이다. 코기토 역시 마찬가지다. 왜 생각을 하느냐 하면 생각을 하지 않으려고 생각을 하는 것이다. 이는 코기토가 삶에 있어서 수단이지 결코 목적이 아니라는 사실을 여지없이 일러준다. 물론 생각하는 것 자체에 대단한 흥미를 느낄 수도 있고, 생각에 생각을 거듭하면서 더욱 깊은 생각을 해나가는 맛을 무시할 수는 없다. 그러나 결국에는 생각을 넘어서서 행동하는 것이 바로 인생이다. 행동에는 감각과 운동이 완전히 결합되어 있어 삶 자체와 삶을 둘러싼 모든 환경을 즐겨 향유하도록 하기 때문이다.

그런데 묘한 일은 인간이 너무나도 자주, 심지어 끊임없이 한다고 할 정도로 생각을 많이 한다는 사실이다. 오죽하면 파스칼 Blaise Pascal, 1623~1662이 "인간은 생각하는 갈대"라는 말을 했겠는가. 그만큼 인간은 자신의 행동과 주변 환경 간에 불일치를 많이 느낀다. 자신의 행동과 주변 환경이 일치되지 않을 때, 그래서 자신의 행동이 소기의 목적을 달성하기 어려울 때면 저절로 생각이 솟아오르는 존재가 바로 인간이다. 이는 그만큼 인간이 복잡하다는 증거다. 인간의 행동이 복잡하기 때문에 주어진 환경과 일치하기가 쉽지 않은 것이다. 온 우주에서 인간이 가장 복합 다층적인 기기묘묘한 존재임은 누구나 다 아는 사실이다. 거꾸로 말하면 어떤 사람이 생각을 많이 하는 편이라면, 그만큼 그 사람이 복합 다층적이라는 뜻이다. 복합 다층적일수록 다양한 의미와 효과를 일구어낼 수 있고, 또 그런 만큼 인생을 훨씬 더 풍부하게 향유할 수 있다. 행동을 무시할 정도로 너무 생각을 많이 하면 안 되지만 최대한 생각을 많이 하고 행동을 하는 것은 바람직하다.

자아 · 주체

자아^{ego}라는 개념은 항상 자기^{self}라는 개념과 헷갈리고 주체^{subject}라는 개념과도 헷갈린다.

자아는 개인으로서 인간 삶의 제반 활동을 떠받치고 있는 바탕이다. 흔히 "나는 나다"라고 해서 자아의 자기 동일성$^{\text{self-identity}}$을 염두에 두면서 자기 동일성을 지닌 이 자아를 객관적인 시선으로 바라보게 되면 '자기'가 성립한다. 그러니까 자기는 3인칭적인 것이고 자아는 1인칭적인 것이다. 실제로 라틴어에서 'ego^{에고}'는 1인칭 단수 인칭대명사다. 그런가 하면 'self'라는 말은 'himself'라든가 'themselves'라든가 심지어 'itself' 등의 용례에서도 알 수 있듯이 굳이 1인칭적으로 쓰이지 않는다. 그러니까 'myself'라는 것도 3인칭적인 시선을 염두에 두고 있는 것이다. 말하자면 자기는 자아가 오로지 그 자신으로서, 이른바 객관적으로 자성$^{\text{自性, ipseity}}$을 지니는 데서 성립한다고 할 수 있다. 그런데 각각의 사물은 그 나름의 자성을 지님으로써 그 나름의 현존을 유지한다.

자아가 잠정적^{virtual} 주체라면 주체는 현행적인^{actual} 자아라고 할 수 있다. 주체는 엄격하게 말하면 활동의 주체다. 활동하지 않을 때 주체는 자아로 가라앉는다고 할 수 있다. 자아가 활동을 하게 되면 주체로서 힘을 발휘한다. 그런데 활동을 할 때는 반드시 그 대상이 있기 마련이다. 그래서 대부분의 경우 주체와 대상은 한 쌍의 짝처럼 같이 언급된다. 그러나 자아와 대상이라든가, 자기와 대상이라든가 하는 짝 개념은 거의 언급되지 않는다. 이를 통해서도 주체가 자아나 자기와 어떻게 다른가를 어느 정도 알 수 있다.

문제는 자아의 활동 방식에 따라 주체가 다르게 나타난다는 것이다. 그래서 주체에 대해 그 앞에 수식어를 붙여 표기함으로써 그 특징을 구분할 수 있다. 근대 철학 이후 기본적으로 이루어지는 주체의 구분 중 대표적인 것이 '경험적인 주체$^{empirical\ subject}$'와 '초월론적인 주체$^{transcendental\ subject}$'의 구분이다. '경험적'이라는 것은 지금 여기라고 하는 구체적인 상황을 전제로 한다. 그래서 경험적인 주체는 항상 지금 여기의 상황 속에 존립하는 대상을 마주한 채 그 대상과의 직접적이고 구체적인 관계에 몰두하는 실재적인 주체다.

그 반면 초월론적인 주체는 지금 여기라고 하는 구체적인 상황을 벗어나 있는 주체다. 그런 점에서 엄격하게 말하면 초월론적인 주체는 논리적이고 가상적인 주체다. 초월론적인 주체는 그야말로 이론적으로 상정되는 주체인 것이다. 이 초월론적인 주체 개념은 칸트에게서 정확하게 확립된다. 칸트는 경험적인 주체가 지금 여기에서 활동할 때 아무렇게나 하는 것이 아니라 일정한 틀을 벗어나지 않는다고 보았다. 그리고 그 틀은 상황에 따른 신체나 감정의 변화와는 아무런 상관없이 이른바 선험적이고 보편적으로 작동한다고 본다. 칸트는 논리적으로 보아 그와 같은 틀을 관장하는 주체가 있어야 한다고 생각했고 그것을 일컬어 초월론적인 주체라고 했다. 칸트는 모든 보편적이고 객관적인 인식을 가능하게 하는 근본 바탕이 바로 이 초월론적인 주체라고 여겼다. 칸트는 경험적인 주체가 시간과 공간에 구속된 것이라면 초월론적인 주체는 시간과 공간을 넘어서 있을 뿐만 아니라 오히려 그런 시간과 공간을 자신의 내적인 형식으로 지니고 있으면서 경험적인 주체가 시간과 공간에 의거해서 활동할 수밖에 없도록 한다고 보았다. 그래서 칸트는 심지어 일상적으로 혹은 물리학적으로 본래부터 객관 세계에 존재한다고 여겨지는 실재의 시간과 공간은 초월론적인 주체에 의해 성립한다고 해야 한다고 주장했다.

그런데 이 초월론적인 주체의 근거는 '나는 생각한다$^{\text{Ich denke}}$' 라는 이른바 반성적인 코기토다. 나는 생각한다고 할 때의 나는

'나는 나다'라고 하는 자성(自性)을 지니지 않을 수 없다. 본래 초월론적인 주체는 어떻게 해서 경험적 주체의 활동이 그러그러하게 이루어질 수 있는가를 설명하기 위한 것이었다. 그러니까 칸트는 경험적 주체의 바탕에 '나는 나다'라고 하는 자성이 근본적으로 전제되어 있다고 여긴 것이다.

그런데 만약 '나는 내가 아니다'라는 생각을 할 수밖에 없다면 어떻게 될까? 즉 그럴 때 이른바 초월론적인 주체는 보편적이고 객관적인 인식을 가능하게 하는 주체일 수 있을까? 경험적 주체의 활동을 보면 그 바탕에서 작동하는 자아가 그 자체로 순수하게 자기 동일성을 지닌다고 말할 수 있는 뚜렷한 근거가 없다. 자아는 얼마든지 그 속에 타자성을 지닐 수 있고, 또 그래야만 자아로서 존립할 수 있기 때문이다. 물론 라이프니츠 같은 철학자는 자아는 근본적으로 다른 어떤 것들과도 작용을 주고받는 교섭을 일체 하지 않는다고 보았다. "모나드는 창이 없다"라는 그의 유명한 말이 이를 잘 드러낸다. 이와 반대로 메를로퐁티는 "각각의 나는 모든 다른 나들의 교차점"이라는 말을 했다. 이는 각각의 자아가 이미 늘 모든 다른 자아들이 교차되면서 수시로 새롭게 형성된다는 말이다. 그런가 하면 "몸은 항상 자기가 아니다"라는 말을 하기도 한다. 메를로퐁티는 여러 형태의 주체들 중 몸 주체가 가장 근원적이라고 여긴다. 이를 염두에 두게 되면 "몸은 항상 자기가 아니다"라는 말을 바탕으로 해서 "주체는 항상 자기가 아니다"라는 말이 가능해지고, 따라서 "나는 항상 내가 아니다"라는 말이 가능해진다.

자아가 무조건 '나는 생각한다'라는 데서 성립하는 자기 동일성을 지닌다고 말할 근거는 없다. 그런 '순수 자아'보다 오히려 '분열된 자아'가 더 진실에 가깝다고 할 수 있다. 프로이트Sigmund Freud의 정신분석적인 자아가 성립할 수 있는 근거가 여기에 있다. 요컨대 자아는 인식하기 쉽지 않은 대단히 불투명한 존재다. 이를 인정하게 되면 나의 의식에 투명하게 떠오르는 오로지 '나만으로서의 나의 자아'는 그야말로 일부이고 표면적인 자아에 불과하다고 말하게 될 것이다. 이런 20세기 현대 철학의 입장에는 암암리에 칸트의 초월론적인 주체를 부정하는 경향이 스며들어 있다.

북한의 김정일 국방위원장이 사망했다. 보지는 않았지만 북한에는 세계 최고最高의 석탑인 주체탑이 있다. 이는 남한으로 귀순해 온 황장엽 씨의 도움으로 김일성이 수립한, 이른바 주체사상을 기념하는 탑이다. 그러고 보면 북한 사람들은 주체라는 말을 아예 집단 무의식의 뼈대이자 일상적인 의식의 근간으로 삼고 있는 셈이다. 국가적이고 사회집단적인 차원의 주체를 내세우게 된 데는 제국주의적인 강대국들의 압력을 견뎌내고 배제함으로써 스스로의 자성을 굳세게 유지하고자 하는 의도가 있었을 것이다. 그러나 진정으로 자성적인 주체의 확립은 여러 다른 것들과의 열린 교섭을 통하지 않고는 성립할 수 없다. 근원적으로 보면 자성과 대타성은 서로 연동해서 서로를 강화하기 때문이다. 북한이 쉽게 개혁 개방의 길로 나아갈 수 없는 상황에 처해 있다는 것은 내부적으로 홀로 내세우고 확립하고자 하는 주체를 일정하게 불구적인 형태로 가져가게 되었다는 의미다. 그래서 북한은 폐쇄 국가 내지는 은둔 국가라는 말을 듣는 것이고 국제적으로 의심의 눈길을 받을 수밖에 없는 것이다. 김정일 사후 새롭게 들어선 김정은 지도체제의 북한은 라이프니츠 식의 유아론적인 주체를 넘어서서 현대 철학에서 말하는 대타성에 의거한 주체이자 동시에 주체성에 의거한 대타성을 한껏 실현할 수 있어야 한다.

실체 · 대상

 실체라는 말과 대상이라는 말은 대단히 밀접하게 연결된 개념들이다. 다만 실체는 존재 관련의 개념이고 대상은 인식 관련의 개념이라는 점이 크게 다르다.

 잠시 어원부터 살펴보자. 대상은 라틴어 'objectum^{오브젝툼}'에서 나왔다. 이는 '앞에 던져진 것'이라는 뜻을 갖는다. 이와 대립되는 'subjectum^{수브젝툼}'은 주로 주체로 번역되며, '아래에 던져진 것'이라는 뜻을 갖는다. 그런데 '주체' 개념은 '실체'에서 나왔다고 할 수 있다. 실체를 가리키는 영어 'substance' 역시 '아래에 놓여 있다'는 뜻을 갖는다. 그리고 이 말은 'substantia^{주브스탄치아}'라는 라틴어에서 왔고, 이 라틴어는 희랍어 'hypokeimenon^{히포케이메논}'에서 왔다. 그런데 이 히포케이메논은 아리스토텔레스가 그의 형이상학을 개설하면서 이른바 제1실체의 바탕으로 여긴 것이다.

 데카르트가 문제다. 데카르트 이전에는 오브젝툼이 '아래에 던져진 것'인 실체를 마주하면서 그 앞에 던져진 우리 인간을 가리켰다. 요즘으로 치면 오브젝툼이 주체고 수브젝툼이 대상이었다. 그런데 데카르트가 등장해서 이 둘의 위치를 완전히 바꿔버렸다. 존재 중심의 사유 체계에서 인식 중심의 사유 체계로 바꾸면서 이런 일이 벌어졌다. 존재 중심의 사유 체계에서는 아래에 놓여 있는 것이 존재, 즉 사물의 존재인데 반해 인식 중심의 사유 체계에서는 아래에 놓여 있는 것이 인식 주체인 의식이기 때문이다.

존재 중심의 사유 체계에서는, 예컨대 아리스토텔레스의 철학에서는 실체와 대상이 짝이 아니라 실체와 속성이 짝이다. "이 분필은 희고 기다랗고 딱딱하고 원통형이다"라고 할 때 '이 분필'은 실체에 해당하고, '희고 기다랗고 딱딱하고 원통형임'은 속성에 해당한다. 그런데 일상의 감각적인 경험으로 보면 방금 든 '이 분필'에 관한 명제에서 알 수 있듯이 속성에 해당하는 것들은 모두 다 감각적인 내용들로 되어 있다. '기다랗다'라든가 '딱딱하다'라든가 '원통형이다'라든가 '희다'라는 것은 모두 다 감각적인 내용들이다.

이 감각적인 내용들에 비해 '이 분필'은 그 감각적인 내용들을 거머쥐고서 아래에 가라앉아 있는 것처럼 보인다. 이를 아리스토텔레스는 히포케이메논, 즉 실체라고 불렀던 것이다. 그러니까 예로 든 문장의 주어가 되는 '이 분필'은 바로 그런 실체를 지칭한다. 히포케이메논은 바로 '아래에 던져져 있는 것'이라는 뜻을 갖는다.

실체라는 말이 고대 그리스어인 '우시아', 즉 존재가 바뀐 것이라고도 하는데, 아리스토텔레스는 히포케이메논을 제1의 우시아로 보았기 때문에 큰 차이는 없다. 중요한 것은 실체는 그 자체로 독자적으로 존재하는 것이고, 속성은 항상 실체에 의존해서만 존재할 수 있는 파생적이고 이차적인 것이라는 사실이다. 아리스토텔레스는 이를 염두에 두고 감각적인 속성들을 우유偶有, accidens라고 했다. 조금 엉뚱하게 말하면 실체는 속성에 비해 존재의 급수가 아주 높고 속성은 실체에 비해 존재의 급수가 낮은 것이다. 비유하면 실물과 그림자의 관계와 같다.

인식 중심의 사유 체계에서 볼 때 정작 인식하고자 하는 것은 감각적인 속성들이 아니라 그 속성들을 아래에서 거머쥐고 있는 실체다. 더욱이 그 실체의 본질이다. 본질이란 그 실체를 바로 그러그러한 실체로 존립하게 하는 것이다. 예컨대 "이것은 분필이다"라고 할 때 이것이라는 실체의 본질이 분필임을 나타낸다. 아무튼 이렇게 실체든 실체의 본질이든 인식하고자 할 때 그것들은 대상으로 바뀐다. 하지만 대상이라는 개념을 확대시키면 하나하나의 감각적인 속성 역시 인식의 대상이 될 수 있다. 그뿐만이 아니다. 내 의식 속의 감정을 비롯한 심리적인 상태도 인식의 대상이 될 수 있고, 심지어 경험하는 주체 자체도 인식의 대상이 될 수 있다. 말하자면 "나는 생각한다"라는 언명 자체는 '생각하는 나' 혹은 '나의 생각하는 작용' 자체를 인식 대상으로 삼은 결과이기도 하다. 다만 유념해야 할 것은 어떤 것을 인식의 대상으로 삼는다고 할 때 실은 그 대상의 본질을 인식하고자 한다는 사실이다. 본질이 과연 어떤 성격을 갖는가는 또 다른 문제다.

그러나 인식은 어디까지나 진정으로 존재하는 것이 무엇인가를 끝내 찾고자 하는 것이기에 그 자체로 존재한다는 뜻을 지닌 실체에 대한 미련을 좀처럼 버릴 수가 없다. 하지만 칸트 이후 후설의 현상학에 이르기까지 실체는 궁극적인 존재가 아니고 오히려 실체를 실체이게 하는 의식을 더 궁극적인 존재로 여기게 된다. 그래서 의식은 실체가 아니라고 하면서 실체보다 더욱 궁극적임을 제시하기도 한다. 이를 제대로 논의한다는 것은 어려운 일임을 단박에 알 수 있을 것이다.

한 가지 덧붙여 생각할 것은 존재 판면에서 주어지는 실체로서의 대상은 결코 호락호락하지 않다는 사실이다. 'object'라는 말이 '반대한다'라는 뜻을 갖는 것에서도 알 수 있듯이 결국 따지고 보면 실체로서의 대상은 사물일 터인데, 그 대상으로서의 사물은 항상 주체에 대해 반기를 들고 그 나름의 권리를 한껏 주장한다. 이를 중시하게 되면 인식 중심의 사유 체계에서 존재 중심의 사유 체계로 되돌아갈 수 있는 길을 모색하지 않을 수 없다.

어쩌면 마르크스 이후 그렇게 된 것이 아닌가 하고 추측하는데, 오늘날 많은 사람은 '대상화^{objectification}'라는 말을 나쁜 뜻으로 쓴다. 예컨대 "다른 사람들을 함부로 대상화해서는 안 된다"라든가, "남자들은 여자들을 예사로 대상화하는데, 그래서는 안 된다"라는 말을 한다. 이때 대상화는 그 바탕에 조금 더 어려운 개념인 '사물화$^{혹은 '물화',reification}$'를 깔고 있다.

사물화가 존재 판면의 개념이라면 대상화는 인식 판면의 개념이다. 그런데 인식의 구조로 보면 어느 누구든지 다른 사람들을 대상으로 삼을 수밖에 없다. 심지어는 자기 자신마저도 대상으로 삼을 수밖에 없다. 그러니까 대상화라는 말을 나쁜 뜻으로 쓰는 것은 대단히 특수한 문맥을 바탕으로 한 것임을 알 수 있다. 그리고 그 바탕에는 대상은 수동적이고 타율적이고 타성적이고 도구적인 수단에 불과한 반면 주체는 능동적이고 자율적이고 활성적이고 도구를 활용하는 자라는 이분법적인 사유가 작동하고 있다.

그런데 만약 대상이라는 것이 그 자체로 반대하고 저항하고 주체가 쉽게 어찌할 수 없는 위력을 지닌 것임을 염두에 두게 되면 주체와 대상의 이분법이 그다지 근본적이지 못하다는 사실을 알게 된다. 일상적으로 고착되어 있는 주요 개념들의 용법을 근본적으로 분석해서 또 다른 가능성을 찾아내는 것이 얼마나 중요한가를 생각하게 된다.

관념

관념을 가장 넓게 보면 우리가 과거^{아주 짧은, 지금 직전의 과거도 포함}에 인식한 일체의 내용들을 지칭한다. 간단히 말하면 어떤 방식으로든 알고 있는 모든 것을 가리키는 것이 관념이다. 지각을 통해서건 사유를 통해서건 상상을 통해서건 새롭게 알게 된 일체의 내용들이 바로 관념이다.

그러다 보니 온갖 종류의 관념이 있을 수 있다. 근대 철학에서 합리론과 경험론은 바로 관념들의 출처 내지는 원천을 둘러싸고 나뉘게 된다. 합리론은 인간이 태어날 때부터 이미 가지고 있는 관념들이 있다고 주장했고, 경험론은 모든 관념이 궁극적으로는 감각적인 경험에서 생겨난다고 주장했다.

데카르트는 타고나는 관념을 본유관념, 감각적인 경험을 통해 생겨나는 관념을 외래관념이라고 했다. 이렇게 구분하는 것 자체가 본유관념을 주장한 것이다. 데카르트는 "나는 생각한다. 그러므로 나는 존재한다"라는 생각도 본유관념에 속하고, 그 외에 논리법칙, 윤리법칙 등도 본유관념이라고 여겼다. 반면 경험론자인 로크$^{\text{John Locke, 1632~1704}}$는 그 유명한 'tabula rasa^{타불라라사}', 즉 '흰 종이' 이론을 제시했다. 이는 인간의 정신은 타고날 때 아무것도 미리 새겨진 관념들이 없다는 주장이다. 로크의 입장을 버클리$^{\text{George Berkely, 1685~1753}}$나 흄$^{\text{David Hume, 1711~1776}}$ 등이 그대로 이어받아 더욱 확고하게 했는데, 흄의 경우 존재하는 것은 모두 관념들이라면서 정신마저도 관념의 일종인 내적 인상들로 된 것이라고 했다.

데카르트의 본유관념설은 플라톤의 상기론과 직결된다. 플라톤은 인간 영혼이 태어나기 전에 이데아들이 바글바글 존재하는 천상계에 살았고, 그래서 천상계에 살 때는 그 모든 이데아를 잘 알고 있었는데, 태어나면서 망각의 강인 '레테'를 건넘으로써 잠시 잊어버렸고, 이후 세상에 있는 것들을 보면서 잊어버린 것을 하나씩 상기해냄으로써 지식, 즉 이데아들에 대한 인식을 갖는다고 말했다. 즉 플라톤이야말로 본유관념설의 원조다.

본유적이냐 외래적이냐 하는 구분 외에 관념을 단순 관념과 복합 관념으로 구분하기도 한다. 단순 관념은 질적으로 동일한 하나의 성격만을 갖는 것이고 복합 관념은 단순 관념들이 적어도 둘 이상 결합된 것을 말한다. 예컨대 '장미꽃'과 '빨강'을 비교해보자. 전자는 복합적이고 후자는 단순하다.

관념에 관해서는 영국 경험론자들의 이야기가 대단히 흥미롭다. 그중 가장 유명한 것이 버클리의 esse est percipi^{데세에스트페르키피}라는 언명이다. 이 말을 그 뜻을 살려 적극적으로 해석하면 '사물은 지각된 내용 자체'가 된다. 이를 관념에 연결해서 해석하면 사물은 '관념들의 다발^{bundle of ideas}'이라는 주장이 담겨 있다. 말하자면 우주 전체가 바로 관념들의 다발이라는 것이다. 그래서 관념론이라고 한다. 그런데 다시 말하거니와 흄은 정신을 내적 인상의 총합이라고 함으로써 정신마저 관념의 다발임을 주장한다. 온통 관념들밖에 없다고 한 것이다.

일상적인 용법으로 보면 관념이란 말이 특수하게 쓰인다. 예컨대 "너는 나와 관념이 달라 이야기가 잘되지 않는다"라는 말을 한다. 이때 관념이란 관념들의 체계를 일컫는다고 보아야 한다. 관념들의 체계는 이제까지 온갖 경험을 통해 획득한 관념들이 갖는 가치와 효력을 다르게 가져갈 수 있게 한다. 그러니까 일상적인 용법의 이 말은 "너는 나와 가치관이 달라서 이야기가 잘되지 않는다"로 바꿀 수 있다. 가치관이 다르면 매사를 보는 방식도 달라지고, 그에 관련한 평가도 달라지고, 심지어 똑같은 낱말을 쓰는 데도 그 뜻이 다르기 일쑤다. 텔레비전의 심야 토론에서 정치사회적인 현안을 놓고 토론할 때 잘 드러나듯이 한국 사회에서 이른바 진보와 보수가 만나면 이야기가 잘되지 않고, 어쩌면 아예 소통이 안 되는 일이 빈번하다. 같은 나라에서 같은 세월을 살아왔는데도 이렇게 다르게 생각할 수 있을까 하는 생각이 들 정도다. 그야말로 관념을 형성해온 체계적인 방향이 다른 것이다. 이익의 불일치가 그 바탕에 작동하고 있겠지만 비단 이익의 일치 혹은 불일치만이 근본적인 것은 아니다. 경험을 통해 관념을 형성할 때 아예 그 채가 달라 걸러내는 것이 다른 것이다. 관념들의 체계를 흔히 이데올로기라고 한다. 그러니까 한국의 진보와 보수는 이데올로기가 다른 것이다. 그러니 이데올로기적인 투쟁이 불가피하다. 이를 더 깊이 생각하기 위해서는 그 바탕에서 작동하는 욕망의 문제를 다루지 않으면 안 된다.

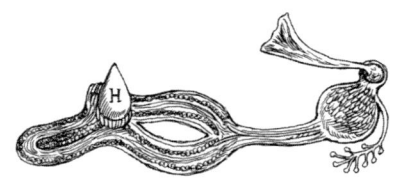

연상

 방금 관념들이 체계를 이루면서 그 나름의 가치와 효력을 지닌다는 이야기를 했다. '연합작용'이라고 번역하기도 하는 '연상^{association}'은 바로 관념들이 체계를 이루는 데 기본 바탕이 된다. 관념들은 따로따로, 이른바 단순 관념으로 작동하는 것이 아니라 다른 관념들과 결합되어 복합 관념을 형성함으로써 가치와 효력을 지니게 된다. 이럴 때 관념들이 어떻게 서로 연결되어 어떤 관계를 맺음으로서 복합적인 관념이 되는가를 설명하는 것이 연상 이론이다. 연상 이론은 영국의 경험론자인 흄이 확립했다.

 흄은 지금 당장 지각을 통해 얻고 있는 관념은 인상이라고 하고, 조금이라도 시간이 지나 기억을 통해 다시 떠올리는 희미해진 인상을 관념이라고 한다. 말하자면 인상은 뚜렷한 관념이고 관념은 희미한 인상이다. 그러나 본질적으로는 차이가 없다. 이를 염두에 두면서 연상에 대해 생각해보자.

 우리는 연기가 나면 불을 떠올린다. 이때 문제는 어떻게 해서

'연기'에 대한 인상이 '불'에 대한 관념을 떠오르게 할까 하는 것이다. 연상에 의해 그렇게 된다는 것이 흄의 대답이다. 그렇다면 연상은 무엇일까? 흄은 관념들 사이에 일종의 인력이 작동한다고 말한다. 마치 물질들 간에 인력이 작용하듯이 관념들 간에도 인력이 작동한다는 것이다. 존재하는 것은 오로지 관념밖에 없다는 흄의 입장에서 보면 실상 물질이라는 것은 일종의 복합 관념이다. 그러니 흄의 입장을 곧이곧대로 밀고 나가면 물질들 간의 인력은 관념들 간의 인력인 것이다. 따라서 본래 관념들 간에 인력이 작동한다고 해야 한다. 연상이란 바로 관념들 간의 인력이 정신 속에서 작동하는 것이다. 이런 흄의 연상 이론은 19세기 중반부터 발달하기 시작한 심리학에 크게 영향을 미치게 된다.

아닌 게 아니라 뜬금없이 어떤 생각이 떠오른다든지, 문득 왠지 불안해진다든지 혹은 삶이 갑자기 무의미하게 여겨진다든지 하는 일은 한두 번이 아니다. 그런데 그 모든 감정이나 생각을 관념으로 보고 그 관념들이 갑자기 힘을 발휘하는 것은 연상에 의해서라고 주장하는 것이 바로 흄의 연상 이론이다.

현대에 와서 연상 이론이 힘을 발휘하는 경우를 들면 후설이 제시한 '수동적 종합'에 관한 이론이다. 후설은 대상이 드러나 자아를 촉발함으로써 인식이 시작된다고 본다. 그런데 그렇게 내 앞에 주어진 복잡하기 이를 데 없는 지각의 환경에서 하필이면 '그 대상'이 드러나 나를 자극하게 되는 이유를 설명할 필요가 있다. 이에 후설은 동질성^{Homogenität}과 이질성^{Heterogenität}의 관계를 내세운다. 주변의 지각 장을 살펴보면, 예컨대 칠판을 보면 칠판의 짙은 녹색 면은 동질적인 것으로서 서로 한데 결합되면서 하얀 벽면이나 검은 테두리를 자신과 이질적인 것으로 몰아내고 있음을 볼 수 있다. 이를 가능하게 하는 것을 후설은 '유사성^{Ähnlichkeit}의 연상'이라고 부르면서 "비슷한 것은 비슷한 것에 의해 일깨워지고 비슷하지 않은 것에 대립되어 나타난다"는 것을 그 원칙으로 제시한다.

중요한 것은 연상이 근본적으로 주체의 의지에 따라 일어나는 것이 결코 아니라는 사실이다. 그보다는 주체도 어쩔 수 없는 방식으로, 흔히 쓰는 말을 빌리면 무의식적으로 나도 모르게 일어나는 것이 연상이다. 예컨대 "자라 보고 놀란 가슴 솥뚜껑 보고 놀란다"는 속담이 이를 잘 나타낸다. 그뿐만 아니라 정신분석학에서 트라우마가 원인이 되어 심지어 히스테리적인 몸의 마비를 불러오기까지 하는 것은 주체도 어찌할 수 없는 정신의 근본적인 힘이 작동한다는 것인데, 그 바탕에 관념들 간의 자발적인 연상이 작동하는 것이다.

우리는 일상생활 속에서 주어진 어떤 일을 겪으면서 나도 모르게 어쩔 수 없이 수도 없이 많은 다른 일들을 떠올린다. 이를 일컬어 넓은 의미의 상상이라고 할 수도 있다. 상상은 의도적인 것도 있을 수 있지만 그렇게 상상하려고 하지 않았는데도 왠지 그런 상상이 저절로 떠오르기가 예사다. 나의 정신에서 연상의 힘이 얼마나 넓고 깊게 발휘되는가가 상상력의 위력을 결정한다고 할 수 있다. 교육에서도 이런 연상의 힘을 강화하는 것이 얼마나 중요한가를 실감하게 된다. 뛰어난 상상력이야말로 지금 여기에서 주어진 일을 바탕으로 일어날 수 있는 각종 가능성을 미리 예상해서 대처할 수 있게 할 뿐만 아니라, 심지어 지금 여기에서 주어지지 않은 새로운 일을 창안하여 실천할 수 있는 원동력이 되어주기 때문이다. "하나를 보고 열을 안다"고 하는 것은 바로 연상의 힘이 강하고 상상력이 뛰어나기 때문에 가능한 일이다. 다만 아무렇게나 체계도 없이 마구 연상이 일어나면 혼란을 가중시킬 뿐이기에 논리적인 방식으로 연상이 일어나야 한다. '논리적 상상력'이 뛰어난 사유의 원천이 되는 까닭이다.

감각

　감각^{sensation}은 아리스토텔레스가 실체와 속성을 구분했을 때부터 주된 개념으로 자리 잡았다. 아리스토텔레스는 "이 분필은 희고 기다랗고 딱딱하고 원통형이다"라고 할 때 속성에 해당하는 '희고 기다랗고 딱딱하고 원통형임'이라는 것은 바로 감각적인 내용들이라고 했다. 그런데 이 감각적인 내용들을 실체인 '이 분필'에 대해 우연히 부가된 성질들로 보면서 본질적인 형상을 파악하는 데 방해가 되는 것으로 여겼다. 그래서 감각은 참된 인식을 하는 데 중요하지 않거나 오히려 방해가 되는 것으로 생각되었다. 이런 생각을 지성주의^{intellectualism} 혹은 합리주의^{rationalism}라고 부른다.

　그런데 이를 완전히 뒤집는 것이 앞서 살펴본 근대 영국의 경험론자들이다. 그들은 일체의 본유관념은 없고 오로지 외래관념인 감각이야말로 모든 인식의 근원이라고 보았다. 그런데 그들은 감각을 오로지 정신에만 존재하는 것으로 보았다. 버클리가 사물을 '감각적 관념들의 다발'이라고 한 것은 사물이 인간의 정신 속에 있다고 한 것과 다름없다. 이에 대해 반발이 일어나자 그는 모든 사물은 신의 정신 속에 있는 감각적 관념들이라고 했다. 이 점에 있어서는 흄도 예외가 아니다.

결국 문제는 감각과 사물의 관계다. 감각적인 성질이 결코 인간 의식에 있는 것이 아니라 인간의 의식을 벗어난 저쪽 세계에 진짜로 존재한다고 여긴 철학자가 바로 사르트르와 메를로퐁티다. 사르트르는 '이것'이라 지칭될 수 있는 개개 사물이란 알고 보면 '감각적 질들의 전반적인 상호관통interpénétration totale des qualités sensorielles'이라고 했고, 메를로퐁티는 사물을 '감각덩어리masse du sensible'라고 했다. 폭을 좀 줄여서 말하면 이는 사물을 하나의 '색 덩어리'로 보는 것이다. 주변의 사물들을 보면 일차적으로 색을 통해 주어진다. 그런데 사물을 '감각덩어리'로 본 것을 원용하면 사물을 '색 덩어리', 즉 속속들이 색으로 된 덩어리로 볼 수 있다. 이런 입장을 '객관적 감각주의' 내지는 '감각론적 유물론'이라 부를 수 있다. 들뢰즈가 《감각의 논리Francis Bacon:Logigue de la sensation》에서 말한 '신경 체계적 감각' 역시 유사하다고 할 수 있다. 그가 말하는 신경 체계적 감각은 신경이라는 물질이 감각과 거의 구분되지 않을 정도로 결합되어 있음을 바탕으로 하기 때문이다.

이는 존재하는 사물을 오로지 지성으로만 접근할 수 있는바 결코 감각될 수 없는 존재로 보는 지성주의와 크게 대립될 뿐만 아니라 영국 경험론자들의 '주관적 감각주의'와도 크게 대립된다. 참고로 말하면 전통적인 의미의 기계적 유물론이나 마르크스의 변증법적 유물론은 지성주의에 해당한다고 할 수 있다. 그러니까 감각론적 유물론은 '지성론적 유물론'과도 대립된다.

다들 잘 알다시피 감각을 가장 중시하는 영역은 예술이다. 현대를 흔히 '미학의 시대' 혹은 '미감의 시대'라고 하고 산업에서도 디자인이 크게 주목받고 있다. 디자인이 곧 자본이라고 할 정도다. 패션 디자인, 건축 디자인, 실내 디자인, 음식 디자인, 헤어 디자인, 제품 디자인, 산업 디자인 등 도대체 디자인이라는 말이 붙지 않는 곳이 없을 정도로 디자인을 중시하는 것이 대유행이다. 디자인은 바로 여러 감각적인 내용을 배치하는 것이다. 다만 디자인은 순수 예술과는 달리 대체로 실용성 내지는 기능성과 결합되어 있으면서 동시에 이들과 구분되어 있다. 기능이 다소 떨어지더라도 디자인이 좋으면 그 제품은 잘 팔린다.

왜 인간은 감각들이 잘 배치된 상태를 즐기는 것일까? 칸트에 따르면 감각들이 잘 배치된 순수한 형식들을 바탕으로 해서 미감적 판단이 성립한다고 한다. 우리 인간에게는 사실을 있는 그대로 알고자 하는 인식의 욕망과, 가능하면 가치 있는 행동을 하고자 하는 도덕의 욕망이 있는가 하면 이들 욕망을 넘어서서 순수 감각적인 배치를 즐기고자 하는 미감적인 욕망이 있는 것이다. 이런 미감적 욕망을 충족시킴으로써 상품의 사용가치를 높이고자 하는 것이 바로 디자인 산업이다.

인간조차 디자인이 잘되어 있어야 한다. 다만 한 인간이 디자인이 잘되어 있다고 할 때 거기에는 묘하게도 감각적인 측면뿐만 아니라 내면의 인격이나 깊은 교양이 함께 버무려져 있다. 그리고 그것이 주로 얼굴을 통해 나타난다. 그윽하면서도 다양한 감각적인 힘을 발휘하는 눈빛과 입매의 노출이야말로 한 인간의 존재를 근본에서부터 드러내는 인간 감각의 연출 장소인 것이다. "나이 사십이 되면 자기 얼굴에 책임을 져야 한다"라는 말은 얼굴을 통해 드러나는 감각의 배치가 이미 살아온 삶의 여정과 방식을 고스란히 드러낸다는 사실을 일러준다. 풍부하고 깊이 있는 감각적인 얼굴을 보게 되면 당연히 우리는 매력적이라고 느낀다.

개념

개념^{concept}이라는 말은 요즘 광고계나 건축계나 예술계에서 매우 많이 쓰인다. "이번 기안의 콘셉트는 무엇입니까?"라는 질문은 산업계 특히 광고업계에서 필수적인 것으로 인식되고 있다.

철학적으로 볼 때 개념은 일종의 관념이다. 관념은 관념인데, 감각적인 관념이 개별적인 관념인 것과는 달리 개념은 보편적인 관념이다. 보편적인 관념이란 다른 여러 관념, 예컨대 개별적이고 감각적인 단순 관념이나 복합 관념들을 일반화해서 포괄적으로 관계하는 관념이다. 이때 개념은 감각적인 관념들을 싸잡아 지시하는 것일 수도 있지만 감각적인 관념들 간의 관계를 지시하는 것일 수도 있다.

그렇기 때문에 개념을 많이 알고 있으면 덩달아서 그 개념들이 포괄적으로 관계하는 감각적인 관념들을 쉽게 떠올릴 수 있고 그 감각적인 관념들 간의 관계들까지 함께 떠올릴 수 있다. 열심히 공부해서 똑똑해진다는 것은 시간과 장소에 따라 각기 특수한 감각적인 관념들이 작동하는 구체적인 상황에 잘 대처할 수 있게 된다는 것이다. 그럴 때 바탕이 되는 것이 바로 개념들이다. 주어진 상황과 관련된 개념들을 활용해야만 그 상황의 본질을 잘 알 수 있고, 그럼으로써 그 상황에 잘 대처할 수 있게 되기 때문이다. 거칠게 말하면 모든 학문은 개념들을 잘 정의하고 그 개념들을 체계적으로 잘 엮어서 이론화하는 것이고, 그럼으로써 어떤 상황이 주어지더라도 그 상황에 원리적으로 잘 대처할 수 있게 하는 이론적인 기초를 제공한다. 그만큼 개념은 우리의 삶에서 중요한 수단이고, 그래서 지금 우리는 철학의 기초 개념들을 공부하고 있는 것이다. 개념들에도 급수가 있다. 철학의 기초 개념들은 모든 학문에서 활용되는 여러 개념을 뒷받침하는 근본 개념들이어서 그 급수가 최고로 높다.

흔히들 개념에는 경험적인 개념과 범주적인 개념이 있다고 한다. 경험적인 개념은 흔히 보통명사라 불리는 것들로 표기된다. 그리고 범주적인 개념들은 흔히 추상명사라 불리는 것들로 표기된다. 흙, 물, 공기, 불, 지구, 지진, 참나무, 원숭이, 인간 등은 모두 경험적인 개념들이다. 그런가 하면 동일성, 차이, 인식, 존재, 원인과 결과, 우연과 필연, 주체와 대상 등의 개념은 범주적인 개념들이다. 여기에서 우리는 철학의 기초 개념들이 대체로 범주적인 개념들임을 쉽게 알 수 있다.

개념은 기본적으로 감각적인 복합 관념들과 어떻게든 관계를 맺어야 한다. 그렇게 관계를 맺지 않는 개념들이란 엄밀하게 말하면 그다지 쓸모가 없다고 해도 과언이 아니다. 물론 이는 감각론적 유물론에 입각한 주장이라고 할 수 있지만, 예컨대 칸트의 "감각적 직관이 없는 개념은 공허하고 개념이 없는 감각적 직관은 맹목적이다"라는 유명한 언명에서도 잘 지적된 바 있다.

'원숭이'라는 말로 지칭되는 원숭이 개념은 원숭이처럼 생겨먹은 모든 감각적인 복합 관념을 한꺼번에 표상해서 생각할 수 있게 한다. '한꺼번에'라고는 하지만 그 모든 감각적인 복합 관념을 실제로 한꺼번에 떠올리는 것은 아니다. 아마도 그렇게 되면 머리가 너무나 시끄러워서 터져나가고 말 것이다. 이때는 '추상적인 방식으로 한꺼번에' 떠올리는 것이다. 어쨌든 한꺼번에 떠올려 지칭하도록 하는 것을 보편적이라고 한다. 그러니까 개념은 기본적으로 보편적인 관념인 것이다.

그런데 사유한다는 것은 기본적으로 주어진 감각적인 관념들에 대해 개념들을 활용해서 보편적으로 질서를 짓는 것이고, 나아가 주어진 개념들의 복합에 대해 또 다른 개념들을 활용해서 보편적으로 질서를 짓는 것이다. 그래서 개념을 사유의 도구라고 한다. 참고로 사유의 대상이 되는 감각적인 관념들을 사유에 제공하는 것이 바로 지각과 상상이다. 그러니 인식이란 것이 무엇인가를 알기 위해서는 지각과 사유의 관계라든가, 상상과 사유의 관계라든가, 이 셋 모두의 관계라든가 하는 것을 분석해서 파악해야 하는데, 상당히 복잡한 문제다.

흥미롭기도 하고 까다롭기도 한 사실이 한 가지 있다. 그것은 개념이란 항상 다른 개념들을 통해 설명된다는 것이다. 설명되는 항을 피설명항이라고 하고, 설명하는 항을 설명항이라고 한다. 설명항으로써 피설명항을 설명하는 것을 정의定義라고 한다. 개념은 항상 정확하게 정의되어야만 쓸모가 있다. 그래서 정의를 정의적 설명이라고 달리 말하기도 한다. 피설명항인 개념은 설명항에 속한 다른 개념들에 의해 설명된다.

그런데 여기에서 어려운 문제가 발생한다. 한 개념에 대한 정의적인 설명이 완벽하게 성공을 거두기 위해서는 설명항에 속한 여러 개념이 다시 설명되어야 한다. 그럴 때 설명항에 속해 있으면서 설명되어야 하는 개념은 피설명항이 된다. 이 피설명항에 해당하는 개념을 설명하기 위해서는 또 다른 개념들이 필요하고, 또 그 다른 개념들 역시 설명되어야 한다. 이렇게 해서 개념 설명은 무한 연쇄의 부조리에 빠지게 된다. 결코 어느 한 개념이 무엇인가를 완전히 설명해서 결정할 수 없게 되는 것이다. 이런 상황을 적극적으로 염두에 둔 것이 데리다[Jacques Derrida, 1930-2004]의 차연差延, différance, 즉 차이를 바탕으로 계속 의미가 결정되지 않고 연기된다는 것이다.

본래 개념은 그 자체로 동일한 것으로 여겨졌다. 이를 존재론적으로 뒷받침하는 것이 플라톤의 이데아다. 이데아는 자기 안에 자기 아닌 것이 전혀 없는 것이라고 플라톤은 말한다. 이런 이데아를 바탕으로 해서 개념이 생겨나기 때문에 개념 역시 자기 안에 자기 아닌 것이 없는바 자기 동일적인 것으로 여겨진 것이다. 그런데 데리다는 차연을 통해 그 어떤 개념도 자기 동일적일 수 없음을 밝혔다.

데리다의 차연 개념에 대해 선구적인 역할을 한 것이 오스트리아가 낳은 천재적인 철학자 비트겐슈타인 Ludwig Wittgenstein, 1889~1951 이 제시한 '가족 유사성 family resemblance' 이다. 하나의 낱말은 쓰임새를 벗어나서 뜻을 가질 수 없고, 또 그 쓰임새에 따라 계속 조금씩 뜻을 달리할 수밖에 없으므로 동일한 본질적인 뜻을 가질 수 없다는 것이 바로 가족 유사성이라는 개념이다. 가족 유사성이나 차연 등의 개념을 개발함으로써 1000년 이상 이어져온 플라톤의 본질주의가 크게 공격을 당하면서 위기에 처했다. 이는 근본적으로 낱말의 자기 동일적인 보편적 본질과 이를 형성하고 파악하는 이성을 바탕으로 하는 학문 자체가 근본에서부터 기우뚱거리게 되었다는 의미다. 이른바 이성을 의문시하는 포스트모더니즘의 발흥 역시 이와 무관하지 않다.

인생을 정의할 수 있는 본질적인 개념은 과연 존재하는가, 존재하지 않은가? 이 물음에 대해 어떻게 대답하는가에 따라 인생의 행로가 달라질 수 있다. 앞서 말한 것처럼 인생에 있어서 그런 본질적인 개념은 있을 수 없고, 각자가 제 스스로 자신의 인생을 독특하게 만들어간다고 하는 입장이 바로 실존철학적인 입장, 정확하게 말하면 현존철학적인 입장이다. 현존주의는 근본적으로 본질주의와 대립되기 때문이다. 이 물음에 대해 우리 모두 한 번쯤 나름대로 답변을 해보아야 하지 않을까. 답변 과정에서 자기 자신의 인생에 대한 성찰을 하게 될 것이다.

이성

　보편적인 개념과 떼려야 뗄 수 없는 것이 바로 이성^{reason}이다. 이성은 기본적으로 논리적 이성이다. 논리적인 이성은 추론 능력으로서 하나의 명제에서 다른 명제를 정립하는 능력이다. '모든 인간은 분열증적이다'라는 명제에서 '조광제가 인간이라면 조광제는 분열증적이다'라는 명제를 도출해낼 때 발휘되는 인간의 정신 능력이 바로 논리적인 이성이다.

　문제는 논리적인 추론을 할 때 출발점이 되는 명제를 어떻게 정립할 수 있는가 하는 것이다. 예컨대 '모든 인간은 죽는다'라는 명제를 어떻게 정립할 수 있는지가 문제다. 정말이지 논리적으로만 생각한다면 도대체 아직 죽지 않고 살아 있는 모든 인간이 결국 죽을 것이라고 단정할 수 있는 확실한 근거는 전혀 없다. 이제까지 태어난 모든 인간이 죽었으니까 지금 살아 있는 모든 인간도 죽을 것이라고 귀납적으로 예단^{豫斷}하는 것에 불과하기 때문이다.

　그래서 이성은 이제 직관적 이성으로 나아간다. 예컨대 기하학의 제1공리라고 할 수 있는 '직선은 두 점 간의 가장 짧은 거리'라는 명제를 정립하는 것은 경험적인 귀납으로써는 도대체 불가능하다. 하지만 이 명제를 틀렸다고 말할 수 있는 근거를 찾기도 결코 쉽지 않다. 이같이 선결 요건을 요구하지 않고 그 자체로 참으로 주어지는 것을 파악하는 것이 직관적 이성이다.

철학 공부를 잘하려면, 나아가 인생을 잘 살려면 이성 능력이 발달되어 있어야 한다. 직관과 추론의 능력이 뛰어나면 그만큼 주어진 상황에 대처하는 능력이 뛰어나기 때문이다. 하지만 직관과 추론만으로는 인간의 인식 근거를 찾을 수 없다. 중요한 것은 관심이다. 어떤 관심을 갖고서 직관하고 또 추론하는가에 따라 인식되는 내용이나 방향이 완전히 달라지기 때문이다.

관심은 삶의 가치와 직결되어 있다. 사회 역사적으로 남들이 전혀 중요하다고 여기지도 않고 중요하다고 여길 가능성도 거의 없는 문제에 관심을 갖고서 엄청나게 뛰어난 이성 능력을 발휘한다고 한들 무슨 소용이 있겠는가. 관심은 인생 전반의 태도와 직결된다. 이때 관심은 대단히 포괄적이고 기초적인데 이를 일컬어 세계관이라고도 말한다. 그러나 다른 한편으로 제아무리 관심과 태도가 건전하고 진지하다고 할지라도 이성적인 능력이 부족하면 그만큼 문제 영역에서 문제가 발생한 원인과 근거 그리고 그것을 떠받치고 있는 원리를 추적해 들어가는 것이 불가능해진다.

　복잡하게 얽힌 문제 중 하나는 이성 능력과 감각 능력 및 상상 능력 간의 관계다. 논리적인 이성에 대해 근본적인 재료를 제공하는 것은 직관적인 이성이다. 그런데 직관적인 이성이 직관하는 대상 영역은 결국 감각적인 영역이다. 감각 능력과 상상 능력이 부족하면 도대체 직관하는 이성이 발휘될 근거가 없어진다. 그래서 심지어 철학 공부를 비롯한 일체의 공부를 잘하기 위해서는 논리적 상상력이 뛰어나야 한다고 말하는 것이다.

　논리적이냐 직관적이냐 하는 것은 이성 기능과 관련된 구분이다. 그런데 그런 이성이 발휘되는 대상 영역에 따라 이성이 나눠지기도 한다. 칸트의 이론이성과 실천이성이 그렇다.《순수이성비판》은 이론이성에 관한 논구이고《실천이성비판$^{\text{kritik der praktischen Vernunft}}$》은 실천이성에 관한 논구다. 학문적인 인식에 발휘되는 이성이 이론이성이고 최대한 바람직한 방향으로 행동해서 행동의 가치를 높이는 데 발휘되는 이성이 실천이성이다.

　오늘날 포스트모더니즘 혹은 포스트 구조주의가 득세하면서 이성은 많은 공격을 받고 있다. 이때 비판받는 이성은 감각의 근원성을 망각한 이성이요, 그래서 감각이 흐름으로써 자아내는 차이의 근원성을 무시한 이성이요, 개념으로써는 결코 파악될 수 없는 삶의 가치를 이성적인 질서에 따라 피라미드 형태로

위계를 세우는 이성이요, 무엇보다 이런 이성을 악용하여 오로지 가장 효율적으로 생산성을 높이는 데만 사용되는 계산적이고 도구적인 이성이다. 하지만 근본에서 보면 포스트모더니즘은 이성 자체를 공격한다고 할 수 있다. 묘한 일은 이성을 비판한 포스트모더니즘의 이론적인 작업 역시 이성에 입각하지 않을 수 없다는 사실이다. 그러고 보면 이성은 그 자체의 한계와 부작용을 분석하고 노출시킬 수 있는 기묘한 능력인 셈이다.

이성 자체만으로는 결코 삶의 가치를 높일 수 없다. 그러나 이성적인 성찰 없이는 모두가 함께 잘 살 길을 찾기가 불가능하다. '성찰하는 이성'은 이성이 군림하는 영역을 결코 최종적인 영역으로 보지 않는다. 성찰하는 이성은 이성이 삶을 위한 수단임을 잘 안다. 메를로퐁티의 "가장 이성적인 것은 가장 비이성적인 것에 가장 근접해 있다"라는 묘한 말은 이를 잘 나타내준다고 할 수 있다.

합리성을 통하지 않고는 정의로운 사회를 결코 건설할 수 없다고 여긴 대표적인 철학자로 하버마스^{Jürgen Habermas, 1929~}를 들 수 있다. 그는 의사소통의 합리성을 최대한 강조하면서 이를 바탕으로 한 공론의 장이 사회적으로 확산되어야 한다고 주장한다. 한국 사회에서 부족한 것이 있다면 합리성을 바탕으로 한 공론의 장이 아닐까 생각한다. 다들 자기 자신만의 개별적이고 주관적인 입장만을 내세우고, 따라서 거의 감정적인 차원에서 다른 사람들을 대하는 경향이 강하다. 모든 정치인이 내세운다고 해도 과언이 아닌 '함께 잘 살기'는 다 함께 기분 좋게 잘 살자는 것이다. 다 함께 기분 좋게 잘 살기 위해서는 기분 좋게 하는 여러 조건을 합리적으로 조절해서 안배해야 한다. 살기 좋은, 특히 정의로운 세상을 만들기 위한 전술 전략으로 가장 긴요한 것이 바로 역지사지易地思之의 보편적인 입장을 취하게 하는 이성이다.

하지만 합리적인 사회를 만들고자 하는 목적은 이성이 아닌 감정과 감각의 정의로운 분배이고, 그를 통한 서로의 만남으로 감정과 감각이 서로를 좋은 방향으로 부추길 수 있는 상태를 만드는 것임을 잊어서는 안 된다. 폭력과 이성이 대립되는 까닭은 폭력을 통해서는 감정과 감각을 좋은 방향으로 강화할 길이 없는 반면 이성을 통해서는 그럴 수 있는 길이 훨씬 더 잘 열릴 것이라 믿기 때문이다. '예술 문화적인 혹은 인문 예술적인 가치를 바탕으로 한 합리적인 사회적 분배'야말로 우리 한국 사회가 지향해야 할 이념이 아닐까 생각한다.

{ 4장 }

우연인가 필연인가

| 관계 편 |

인생을 살면서 우리는 수많은 사물과 관계를 맺는다. 그 수많은 관계 뒤에 작동하는 힘을 어떻게 이해하느냐에 따라 우리는 삶의 필연성을 인정할 수도 있고 부정할 수도 있다. 삶의 필연성을 인정하느냐, 또는 부정하느냐에 따라 운명을 바라보는 눈이 달라진다. 이 장을 읽으면서 우리는 '한 번뿐인 삶, 과연 운명론자로만 살 것인가'를 고민하게 된다.

본성의 운동

우리는 앞에서 운동을 다룬 바 있다. 그때 우리는 양적인 운동과 질적인 운동을 구분했다. 그러고는 양적인 운동이 질적인 운동을 수반하지 않고 이루어질 수 있는가를 미제르 남겨놓았다. 여기서는 이 부분을 생각해보고자 한다.

우선 운동의 주체를 무엇으로 봐야 하는가를 생각하지 않을 수 없다. 앞에서는 '하나의 사물'이라고 했다. 그렇다면 운동 개념에 깊이 있게 접근하기 위해서는 사물이 무엇인가를 먼저 생각해야 한다. 사물 개념은 워낙 중요하기 때문에 다음에 따로 설명할 것이다. 우선 사물은 그 단위를 어떻게 잡는가에 따라 내포와 외연이 달라진다. 우주 전체를 하나의 사물로 볼 수도 있고 하나의 소립자를 사물로 볼 수도 있다는 이야기다. 이를 지칭하기 위해서는 '단순 사물'과 '복합 사물'이라는 용어를 써야 한다.

단순 사물은 크기와 상관없이 그것을 형성하고 있는 단위체^{an} $unity$가 전체적으로 단 하나의 본성만을 가지는 것이고 복합 사물은 이런 단순 사물들이 결합한 것이다. 단순 사물은 앞에서 말한 원소와 같은 것이다. 여기서 문제는 똑같은 단순 사물이 두 개 이상 있을 수 있는가 하는 것이다.

이를 풀기 위해서는 플라톤의 생각을 빌려와야 한다. 플라톤은 존재하는 것들을 크게 두 종류로 나누었다. 즉 자신 속에 자기가 아닌 것이 없는 것과 있는 것으로 나누었다. 이를 원용해서 우리 식으로 말하면 전자는 오로지 단순한 본성만을 지니고 있는 것이고 후자는 두 개 이상의 서로 다른 본성들로 된 것이다. 플라톤은 자신 속에 자기가 아닌 것이 없이는 운동이 일어날 수 없다고 보았다. 운동의 원인을 사물의 내부에서 찾은 것이다. 상당히 그럴듯한 이야기다.

하나의 사물이 다른 사물과 영향을 주고받음으로써 운동이 생겨난다는 것은 사물의 외부에서 그 사물이 운동하게 되는 원인을 찾는 것이다. 그런데 하나의 사물이 다른 사물과 영향을 주고받을 수 있다는 것은 그 사물의 본성에 다른 사물과 영향을 주고받을 수 있는 또 다른 본성이 있음을 전제로 한다. 이를 고려하는 경우 만약 하나의 단순 사물이 다른 단순 사물과 영향을 주고받는다면 그 하나의 단순 사물이 하나의 본성만을 지니고 있다고 할지라도 그 본성은 다른 사물과 영향을 주고받을 수 있다고 하는 다른 측면의 본성과 결합되어 있는 셈이다. 이렇게 되면 엄격하게 말해 단 하나의 본성만을 지닌 단순 사물은 성립할 수 없게 된다. 예컨대 플라톤이 말한 각각의 이데아는 오로지 하나의 본성만을 지니고 있는 것이기 때문에 성립할 수 없는 것이 된다.

이 점을 적극적으로 고려하면 사물의 본성은 두 측면으로 나뉜다. 자신을 유지하려는 측면과 다른 사물과 영향을 주고받을 수 있는 측면으로 말이다. 그렇게 되면 심지어 본성 자체가 그 본성을 잃어버릴 가능성을 지니게 된다. 그럴 때 본성 자체는 이중적이고 모순적이지 않을 수 없다. 본성이라는 개념 자체는 이런 이중적이고 모순적인 본성을 허용하지 않는다고 생각할 수 있고 플라톤은 이 생각을 철저히 준수한 셈이다. 이중적인 본성이란 실은 서로 적대적인 두 본성을 지닌 것이고, 이는 사물 외부에 원인을 둔 것처럼 보이는 운동 역시 결국 사물의 내부에서 일어나는 것이라고 할 수밖에 없음을 일러주기 때문이다.

단순 사물을 단 하나의 본성만을 지닌 것으로 보는 한, 단순 사물은 운동을 하지 않는 것이 된다. 파르메니데스가 말한 "운동하지 않는 일자"는 바로 단순 사물이다. 그리고 플라톤은 이 단순 사물이 무한히 많은 것으로 보아 이데아들이라고 한 것이다. 다만 플라톤이 말한 무한개의 단순 사물인 이데아들은 각각 서로 완전히 다른 본성을 지니고 있다.

만약 플라톤의 이런 생각을 받아들일 수 없다면 우리로서는 '하나의 사물'을 운동의 주체로 볼 것이 아니라 '본성'을 운동의 주체로 보아야 한다. 다소 어렵기는 하지만 사물이 운동할 때 본성 자체가 운동한다고 여길 수밖에 없기 때문이다. 만약 본성 자체가 본래부터 운동하는 것이라면 일체의 자립적인 본질은 있을 수 없게 된다. 플라톤이 말하는 이데아들이 송두리째 제거된다. 현존하는 사물들이 성립하는 그 바탕에서 보아 동일성보다 차이가 근원적이라고 하는 것은 암암리에 본성 자체의 운동을 전제한 것이라고 할 수 있다. 본성의 운동은 맨 먼저 동일성보다 차이를 분비해낼 수밖에 없기 때문이다. 이렇게 되면 단순 사물이라는 것 자체가 성립할 수 없게 된다. 아울러 복합 사물이라는 말 자체가 성립할 수 없게 된다.

그렇다면 남는 것은 무엇일까? 상황만이 남게 된다. 본성이 운동하는 상황이 가장 근원적인 상황일 것이고 사물이 운동하는 상황은 그 바탕 위에서 이루어질 것이다. 엄격하게 말하면 사물이라는 것은 이미 일종의 상황이다. 이때 상황은 근원적으로는 흐름의 임의적인 단위라 할 수 있다.

하나의 사물을 하나의 상황이라고 말하는 것은 각각의 사물이 그 자체만으로는 자기 동일적인 자성自性을 지닐 수 없고 항상 대타적인 관계에 의거해서만 그런 자성을 지닌다고 주장하는 것이다. 자성과 대타성 간의 상호 교환적인 관계를 근원적인 사태로 보는 것이다. 이를 확대해서 생각하면 주체도 하나의 상황이고, 의식도 하나의 상황이고, 자아마저도 하나의 상황이고, 사회나 국가도 하나의 상황이다. 심지어 낱말들이나 개념들 역시 하나의 특수한 상황이라 할 수 있다. 그 규모나 성격이 다를 뿐이다. 상황은 근본적으로 불확정적이고 흐름과 떨림을 바탕으로 성립한다. 일체의 사물들이나 개념들마저 상황으로 보게 되면 현존하는 모든 것을 대단히 역동적인 것들로 파악하게 된다. 나 자신의 역동성은 물론이고 사회나 국가나 세계 전체의 역동성을 염두에 두지 않을 수 없게 된다. 역동성이 있으면 이를 방해하는 반동성이 있기 마련이다. 잘 분간해서 사회 역사적으로 모두의 삶 자체가 역동성을 높여 강렬한 향유를 이루어나가게 해야 한다.

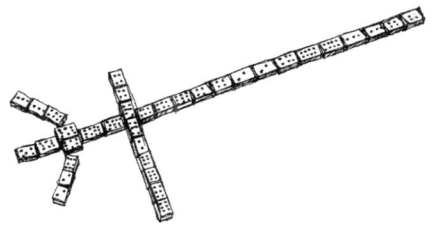

인과성

 이렇게 보면 인과성은 사물의 문제가 아니라 상황의 문제다. '하나의 상황'이라는 말은 분명히 인간 인식에 의거해서 임의적으로^{특수하긴 하지만} 하나의 단위^{하나임}로 자른 것이다. 상황은 처음부터 철저히 전체적이기 때문이다. 즉 상황은 이미 늘 전체를 이루는 가운데 우리가 보기에 때로는 질서 정연한 무한 복합의 하나의 체계처럼 주어지기 때문이다. 이런 점을 고려하면 포스트구조주의 내지는 포스트모더니즘에 의해 파기된 것으로 여겨지는 총체성^{totality} 개념을 되살려야 한다는 사실을 깨닫게 된다.

 하나의 상황이 다른 하나의 상황에 의해 영향을 받아 새로운 상황으로 생성되는 것을 어떻게 설명하느냐에 따라 다른 관점들이 나오게 된다. 손에 쥐고 있던 분필을 놓으면 분필이 아래로 떨어진다. '쥐고 있던 분필을 놓음'이라는 상황에 이어 '분필이 아래로 떨어짐'이라는 상황이 연출된다. 이 두 상황 사이에 어떤 종류의 관계가 있음에 틀림없다. 전자의 상황이 없었다면 후자의 상황이 생겨나지 않았을 것이다. 후자의 상황이 생겨나는 데 전자의 상황은 필수적이다. 이를 일컬어 필요조건이라고 한다.

그런데 무중력의 우주에서는 쥐고 있던 분필을 놓아도 분필이 아래로 떨어지지 않는다. 이는 후자의 상황이 생겨나기 위해서는 전자의 상황 외에 다른 어떤 상황이 있음을 일러준다. 그 다른 어떤 상황이 생겨나기 위해서는 또 다른 어떤 상황이 있어야 할 것이다. 이때 문제는 그 '다른 어떤 상황'이 도대체 어디까지 망라되어야 하는가 혹은 망라될 수 있기라도 한 것인가 등이다. 만약 그 '다른 어떤 상황들'이 완전히 망라된다면 '쥐고 있던 분필을 놓음'이라는 지금 여기에서의 상황을 포함해서 망라된 그 모든 '다른 어떤 상황들'은 '분필이 아래로 떨어짐'에 대해 충분조건이 될 것이다. 결국에는 모든 필요조건을 망라한 것이 바로 충분조건인 셈이다. 그래서 흔히 필요충분조건이라는 말을 한다.

그렇다면 예로 든 이 상황의 연속적인 변화를 설명하기 위해 끌어들이는 중력 법칙은 방금 말한 필요충분조건과 어떤 관계가 있을까? 중력 법칙은 그 자체만으로 성립하는 것은 아니다. 아직 정확하게 밝혀내지 못하고 있지만 전자기력의 법칙이라든가 핵력의 법칙이라든가 하는 것과 관계를 맺지 않을 수 없다. 하나의 상황이 다른 상황으로 이어지는 사태를 설명해줄 수 있는 필요충분조건은 상황 전체다. 그러고 보면 필요충분조건은 총체성 개념과 깊이 관련되어 있다.

가장 흥미로운 점은 그 사태와 상황들을 인식하는 활동 자체가 그 나름 하나의 상황이고 이 인식 활동으로의 상황마저도 상황 전체에 포함된다는 것이다. 이에 관한 분석은 또 다른 거대한 문제다.

그렇다면 과연 인과성은 어떤 것인가? 인과성을 운위할 때는 일단 앞서 일어난 상황을 원인으로 잡고 뒤이어 일어나는 상황을 결과로 잡는다. 그리고 인과성이라는 말에 필연적이라는 수식어를 붙여 필연적 인과성을 찾으려고 한다. 원인과 결과의 관계를 '필연적'이라고 해서 '불이 나면 반드시 연기가 난다'라고 하듯이 '반드시'라는 부사어를 쓰는 것이 예다. 그런데 우리는 '인과적 필연성'을 통해 일어난 일에 대해 그 일이 왜 일어나게 되었는가를 설명하기도 하고 지금 일어난 일을 바탕으로 앞으로 일어날 일을 예측하기도 한다. "불이 났기 때문에 연기가 난 거야"라고 하면 설명이 되고 "불이 났으니 연기가 날 거야"라고 하면 예측이 된다. 설명과 예측은 과학 활동의 기본일 뿐만 아니라 일상생활에서도 기본적인 활동이다.

인과응보因果應報라는 말이 있다. 나쁜 짓을 하면 반드시 벌을 받는다는 뜻으로 주로 이해된다. 과연 그런가? 현실을 보면 권력과 부를 심하게 탐한 나머지 다른 사람들의 마음을 심하게 아프게 하는데도 불행하기는커녕 행복하게 잘 사는 것처럼 보이는 사람들이 허다하다. 이런, 이른바 모순된 현실을 보충하기 위해 내세에서라도 반드시 벌을 받게 되어 있다는 생각을 하게 된다. 예를 들어 칸트마저도 이를 염두에 두고 최후의 심판을 형이상학적인 형태로나마 인정했다. 그뿐만 아니라 대부분의 종교는 이 때문에 내세에 관한 사상을 담고 있다. 그러나 이런 태도는 대단히 비현실적이라 하지 않을 수 없다. 인과성이 총체성을 바탕으로 해서 국지적으로 나타나는 것임을 과도하게 확대 해석해서 그 총체성을 구성하는 것으로 내세를 안출하여 끌어들인 셈이다.

이런 모순된 현실을 개선하기 위해서는 무엇보다도 인과성이 총체성을 바탕으로 하되, 적어도 사회 역사적인 현실에 입각한 총체성을 바탕으로 한다는 점을 염두에 두어야 한다. 따라서 사회 역사적인 총체성에 입각해서 그런 모순된 현실이 최소화될 수 있는 법과 제도를 마련하게 되는 것이다. 법과 제도가 오히려 그런 모순된 현실을 부추긴다면 그 사회의 미래는 암울하다고 할 수밖에 없다. 합법적인 범죄가 얼마든지 가능한 사회가 되고 말기 때문이다. 그저 현실의 법에 입각해서 사법적인 판단을 할 수밖에 없다고 뇌까리기만 하는 사법부의 행태는 개선되어야 마땅하다. 그런 점에서 최종 심급의 대법관들은 물론이고 특히 법률의 위헌성을 심판하는 헌법재판소의 헌법재판관들이야말로 실로 중차대한 위치에 있기에 사회적인 인간의 삶에 대한 성찰을 그 누구보다도 성실하게 수행해야 하는 것이다.

필연성

 인과성을 총체성과 결부시켜 생각했을 때 대체로 필연성과 연결된다. 그런데 필연성이라는 개념도 결코 이해하기 쉬운 개념이 아니다. 필연성은 크게 인과적 필연성과 존재론적인 필연성으로 나눌 수 있다. 인과적 필연성은 원인과 결과 간의 필연성이고 존재론적인 필연성은 어떤 존재가 본래 존재하지 않을 수 없는 근원적인 필연성이다.

 인과적 필연성에서 정말 어려운 문제 중 하나는 원인으로서 '앞서 일어난 상황'과 결과로서 '뒤이어 일어나는 상황' 간의 필연성을 보장하는 것이 과연 무엇인가 하는 것이다. 이에 관해서는 크게 두 가지 방향을 생각할 수 있다. 한 방향은 인과적 필연성이 인간의 인식능력 특히 이성과 무관한 객관적인 상황 관계 자체에서 성립한다는 것이다. 다른 한 방향은 인과적 필연성이 인간의 인식능력, 특히 이성에 의거해서 성립하고 그것이 상황 관계에 투사되어 성립한다는 것이다.

 영국의 경험론자인 데이비드 흄은 그 어떤 상황 관계에 대해서도 인과적인 필연성이 성립한다는 것을 파악할 수 없다고 주장했다. 인과적 필연성을 표현하는 명제는, 예컨대 '불이 나면 반드시 연기가 난다'는 조건적인 가언 명제다. 여기에서 불은 '모든 불'을 지칭하고 연기 역시 '모든 연기'를 지칭한다. 말하자면 인과적 필연성을 표현하는 명제는 바로 보편적인 법칙으로서의 자격을 갖고 있다.

그런데 인과적인 필연성에 대한 주장은 경험적으로 주어지는 개별 상황들 간의 관계에 대해 이루어질 수밖에 없다. 이에 관한 흄의 주장은 이렇다. 경험적인 개별 상황들 간의 관계는 과거와 현재에만 주어지는 것이 아니라 미래에도 계속 주어질 것이다. 미래에 해당 상황들의 관계가 이제까지 파악한 것을 벗어나는 방식으로 이루어질 수도 있다는 것을 배제할 수 있는 그 어떤 근거도 없다. 따라서 인과적인 필연성은 근본적으로 성립할 수 없다. 이런 흄의 주장을 회의론이라고 한다. 흄의 회의론은 학문의 근간을 흔드는 것이다. 학문은 기본적으로 우리의 개별적인 경험의 상황들을 설명, 예측하는 것이고 이를 위해서는 인과적인 필연성을 파악하지 않으면 안 되는데 흄은 인과적 필연성의 가능성 자체를 부정하고 있기 때문이다.

이에 칸트가 등장한다. 칸트는 인과성과 필연성을 인간의 경험을 가능하게 하는 인식능력인 지성^{Verstand}이 타고나는 '선험적

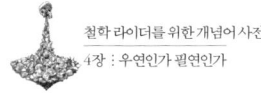

인 순수 형식', 즉 범주^{Kategorie}로 본다. 칸트는 지성의 범주를 양, 질, 관계, 양상 등 크게 네 부류로 나눈다. 그리고 인과성은 관계의 범주에 속한 것으로, 필연성은 양상의 범주에 속한 것으로 본다. 지성은 인과성과 필연성이라는 타고난 형식을 경험되는 내용에 적용해서 그 경험되는 내용들을 인과적 필연성으로 엮어냄으로써 보편적인 법칙으로서의 명제를 구성할 수 있다고 본 것이다. 따라서 칸트에 따르면 모든 인간이 아예 존재하지 않는다면 온 우주에서 일어나는 상황들의 관계에서 일체의 인과적 필연성이 없어진, 이른바 카오스와 같은 상태가 된다고 할 수 있다.

그런데 필연성에는 인과적 필연성만 있는 것이 아니다. 이와 대비되는 존재론적인 필연성이라는 것이 있다. 존재론적인 필연성은 존재하는 그 어떤 것이 본성상 존재하지 않을 수 없다고 할 때 성립하는 필연성이다. 이런 존재론적인 필연성을 갖춘 것이 과연 있는가 하는 문제는 엄청나게 중요하다. 예컨대 기독교에서 말하는 신이 없어도 되는 것인데 어쩌다가 있게 된 것이라고 하면 어떻게 될까? 그럴 때 신은 순전히 우연적인 존재로 전락하게 된다. 플라톤의 이데아들도 없어도 되는데 어쩌다가 있게 된 것이라고 하면 어떻게 될까? 대답하기에 상당히 복잡하다.

아무튼 무엇인가가 존재론적인 필연성을 갖추고 있다면 그것은 존재론적인 필연성을 갖춘 것에 철저히 의존해서 생겨났거나, 아니면 영원 전부터 존재하는 것이어야 한다. 영원 전부터 존재하는 것으로서 존재론적인 필연성을 갖췄다면 그 자체로 절대적인 존재일 것이고, 그런 절대적인 존재에 철저히 의거해서 생겨나서 존재론적인 필연성을 갖췄다면 상대적인 존재이긴 하지만 절대적인 존재를 통해 간접적으로 절대성의 권역으로 편입할 것이다. 스피노자Baruch Spinoza, 1632~1677가 인간의 심적 변화뿐만 아니라 모든 운동을 필연적이라고 여긴 것은 바로 이런 관점에서였다. 존재하는 일체의 것들은 본래 존재론적인 필연성을 갖춘 신에 속한 것들이고, 따라서 일체의 운동은 필연적일 수밖에 없다고 본 것이다. 한편 플라톤이 이데아들을 영원 전부터 있었던 것으로 본 것은 이데아들에 존재론적인 필연성을 부여한 것이다. 플라톤의 이데아 사상이 초기 기독교와 결합할 수 있었던 까닭이 여기에 있다.

이런 존재론적인 필연성을 전적으로 부정하는 철학자가 바로 사르트르다. 사르트르는 현존하는 모든 것뿐만 아니라 그 현존하는 것들을 떠받치고 있는 근본 존재조차 아예 처음부터 우연적이라고 주장한다. 이런 차원에서 성립하는 우연성을 존재론적인 우연성이라고 한다. 그리고 이 존재론적인 우연성은 근본적으로 성립하는 것이기 때문에 절대적 우연성이라고도 한다.

이를 바탕으로 한 사르트르의 존재론이 무신론일 수밖에 없는 까닭을 쉽게 이해할 것이다. 존재론적인 필연성을 인정하느냐 인정하지 않느냐가 삶에서 얼마나 중차대한 문제인지를 쉽게 알 수 있다.

필연성과 관련된 일상적인 용어 중에 운명이라는 것이 있다. 운명에 관한 이야기로는 고대 그리스의 3대 비극 시인 중 한 명인 소포클레스Sophocles, BC 496?~BC 406가 쓴 〈오이디푸스 대왕Oidipous Tyrannos〉의 이야기가 가장 흥미롭다. 운명을 피하고자 함으로써 더욱더 운명을 실현하게 되는 아이러니가 가장 그럴듯한 방식으로 표현되고 있기 때문이다. 다들 알다시피 오이디푸스의 어머니가 그를 임신했을 때 그가 '아버지를 죽이고 어머니와 결혼하게 될 것'이라는 신탁이 내려졌다. 이 운명에서 벗어나기 위해 아버지 라이오스는 아기가 태어나자 죽이라고 명령했고 그 명령 때문에 오이디푸스는 다른 나라인 코린토스의 왕자가 된다. 장성한 오이디푸스가 자신의 운명을 알기 위해 받아본 신탁 역시 '아버지를 죽이고 어머니와 결혼하게 될 것'이라는 내용이었다. 이 운명을 피하기 위해 오이디푸스는 코린토스를 떠나 본래 자신의 고향인 테베로 향하던 도중 생부를 죽이게 되고, 결국 어머니와 결혼해서 자식을 넷이나 낳게 된다. 여기에서 운명은 결코 피할 수 없는, 피하려고 하면 할수록 더욱더 실현될 수밖에 없는 필연적인 것으로 제시된다.

개개 인간에게 과연 이렇듯 미리 주어진 운명이라는 것이 있을까? 만약 있다면 그것은 미리 주어진 그의 본질이 될 것이다. 필연성과 본질이 연결되는 대목이다. 생을 뒤돌아보면 왠지 중요한 일들은 거의 운명적으로 일어난 것처럼 여겨진다. 아마도 지나간 생은 돌이킬 수 없기 때문에 그 '돌이킬 수 없음'을 보고서 필연적인 운명으로 여기게 되었으리라. 미래의 삶도 그와 같은 필연적인 운명에 얽매인 채 진행될 수밖에 없다면 인간의 삶은 어떻게 될까? 더욱 가치 있는 것이 될까, 아니면 더 가치 없는 것이 될까? 온갖 종류의 점쟁이들과 예언자들을 경계할 일이다.

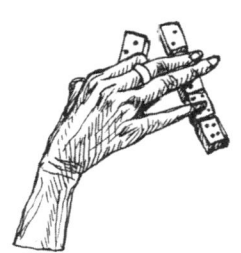

목적

만약 인생에서 모든 일이 필연적으로 일어나기 마련이라고 한다면 목적은 어떻게 되는가? 목적은 본래 행동과 관련된 것이다. 행동은 운동의 특수한 형태다. 변화도 운동에 속한다고 했다. 변화는 엄밀하게 말하면 본성의 변화다. 본성의 변화는 질에 있어서의 변화이고, 그래서 본성의 변화는 질적인 운동이라 할 수 있다. 이런 질적인 변화, 즉 질적인 운동을 빼고 행동을 생각하는 것은 불가능하다.

흔히 의도와 결합된 인간의 행동을 행위라고 한다. 그러면서 행위에는 목적이 개입되어 있다고 한다. 그래서 의도와 목적은 서로 떼려야 뗄 수 없는 것으로 여겨진다. 그런데 의도를 발휘할 수 있는 힘을 의지라고 한다. 예컨대 아리스토텔레스의 우주론을 데카르트의 기계론적인 우주론과 대립되는 독적론적인 우주론이라고 한다. 아리스토텔레스는 온 우주뿐만 아니라 우주 내의 모든 것이 의지를 가졌다고 본 것이다. 그리고 그 의지를 총괄해서 보면 온 우주가 점점 더 완전해지고자 하는 방향으로

의지를 발휘한다고 여긴 것이다. 그래서 아리스토텔레스는 존재하는 모든 것이 하나의 완전태가 되기 위해 노력하듯이 운동한다고 말한 것이다. 아울러 순수한 완전태에 속한 것으로 신과 순수이성을 들었다. 플라톤이 말하는 이데아들의 이데아인 '선의 이데아'는 아리스토텔레스의 경우 신과 같은 순수한 완전태다. 이 두 철학자의 사상이 기독교 신학에서 얼마나 중요한가는 다들 알고 있을 것이다. 그런데 그 바탕에는 바로 이런 점이 깔려 있었다.

  궁금한 점은 지금 여기에서 특정한 행동을 할 때 그 목적이라든가, 그 목적과 떼려야 뗄 수 없는 의도라든가 하는 것들이 과연 행동 주체에게 뚜렷하게 알려진 것이어야만 하는가다. 말하자면 행동 주체도 모르게 발동되는 의도가 과연 있는가 하는 것이다. 이를 궁금해 하는 것은 그럴 때 그 특정한 행동이 기계적인 운동과 구별된다고 할 수 있는가 하는 점이 워낙 중요하기 때문이다. 예컨대 프로이트를 비롯한 정신분석학자들은 무의식에 의거한 행동이 행동의 근본 형태라고 말한 뒤 그런 행동에는 무의식적으로 달성하고자 하는 목적이 있고, 또 그 목적을 달성하고자 하는 무의식적인 의도가 있다고 말한다. 그렇다면 과연 '무의식적인 목적'이니 '무의식적인 의도'니 하는 것이 성립할 수 있는가?

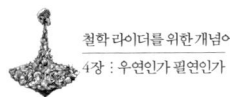

의도와 목적이 성립하기 위해서는 반드시 선택이라는 것이 개입되어야 한다. 선택은 그렇게 선택하지 않을 수도 있음을 전제로 한다. '그렇게 선택할 수밖에 없었다'는 말은 본래 성립할 수 없다. 그래서 필연과 선택은 대립된다. 나의 선택이 그 이전의 상황에 의거해서 반드시 그럴 수밖에 없는 일이었다면 그것은 선택이라 할 수 없다. 의도와 목적 그리고 선택은 서로 떼려야 뗄 수 없는 것들임을 한눈에 알 수 있다.

그런데 만약 존재론적인 필연성을 갖춘 존재가 있고 그 존재가 이 세상에서 일어나는 일체의 일들을 지배한다면 어떻게 될까? 그 일들에 필연성이 줄줄이 관철될 것이고 스피노자의 말처럼 도대체 필연성을 벗어난 것은 있을 수 없으니 의도와 목적 그리고 선택이라는 것들은 오인에 의거한 가상에 불과하게 된다. 아울러 어떻게 되는가? 거기에서는 진정한 의미의 자유가 있을 수 없다.

근본적으로 보면 자유는 존재론적인 우연성에 의거한 것임을 알게 된다. 의도와 목적 그리고 선택은 자유에 의거한 것들이고 자유는 존재론적인 우연성에 의거한 것이다. 사르트르는 "우리는 자유롭지 않을 자유가 없다"고 했다. 존재 자체가 근본적으로 절대적인 우연성에 입각해 있다고 보기 때문이다.

이렇게 되면 역설적이게도 아리스토텔레스가 말한 목적론적인 우주론과 사르트르가 말한 존재론적인 우연성에 입각한 자유 그리고 그 자유에 입각한 목적 설정의 근원적인 가능성이 어느 정도 유사한 것 아닌가 하는 느낌이 든다. 하지만 아리스토텔레스가 존재의 최종적인 본질로서 완전태를 설정한 것은 사르트르가 말하는 존재론적인 우연성과는 완전히 대립된다. 사르트르의 입장에서는 그런 본질이 아예 성립할 수 없기 때문이다. 다만 사르트르가 보기에 인간만이 자신의 완전한 존재를 실현하고자 하는 욕망을 지니고 있지만 그런 욕망은 결코 달성될 수 없다고 한다.

흔히들 인생에는 분명한 목적이 있어야 한다고 한다. 이때 목적은 내가 최대한 이성적으로 나 자신과 나 자신을 에워싸고 있는 주변 여건들을 성찰함으로써 그야말로 의도적으로 선택한 인생의 목표다. 그런 인생의 목표를 지닌 자는 그렇지 않은 자보다 분명히 자신의 삶을 더 강렬하게 영위하게 될 것이다. 그러고 보면 뚜렷한 인생의 목표를 설정하는 것은 매우 긴요한 것 같다. "너는 커서 뭐가 되고 싶니?" 하는 흔한 질문 역시 이런 목적의식을 심어주기 위한 일종의 교육에 속한다고 할 수 있다. 그런데 인생의 목표는 나이가 들면서 자꾸 바뀐다. 알면 알수록, 경험하면 할수록 내가 설정한 인생의 목표가 달성하기 쉽지 않다는 것을 깨닫게 되기 때문이다. 현실적으로 달성하기에 거의 불가능한 목표를 설정하고서 그 목표를 이루기 위해 인생을 바친다는 것은 열정적일 수는 있지만 대단히 어리석다고 하지 않을 수 없다.

  인생을 기획함에 있어서 현실과 목표 사이의 간극을 얼마나 줄여나가는가 하는 문제는 심각할 정도로 중요하다. 그 때문에 이성적인 성찰이 필요하고, 그 때문에 밤잠을 자지 않고 열심히 공부하는 태도가 필요하고, 그 때문에 인생의 선배들에게 좋은 교훈을 얻고자 하는 노력이 필요하다. 물론 정말 중요한 것은 인생의 목표가 인류 전체의 사회 역사적인 가치의 지평에서 볼 때 얼마나 가치 있는 것인가다. 사회 역사적인 가치의 지평은 선택할 수 없지만 어떤 가치를 지닌 내 인생의 목표는 선택할 수 있다. 나의 입장에서 보면 사회 역사적인 가치의 지평은 필연적인 조건으로 주어지지만 내 인생의 목표를 선택하는 것은 자유에 의거한 것이다. 필연과 자유의 기묘한 관계를 여기에서 확인하게 된다.

결정론

 행동을 할 때는 그 목적이 있고 그 목적을 달성하고자 하는 의도를 발휘해서 선택을 한다고 했다. 문제는 왜 하필이면 그런 목적과 의도와 선택에 따른 행동을 하게 되었는가 하는 것이다.
 이에 관해 외부의 객관적인 상황이 그렇게 할 수밖에 없도록 했다고 하면 어떻게 될까? 그럴 수밖에 없다는 주장을 결정론^{determinism}이라고 한다. 이런 결정론에는, 외부의 객관적인 상황이 어떻든 간에 그 이전 외부의 객관적인 상황에 의해 인과적으로 결정된다고 하는 전제가 포함되어 있다. 물리학에서는 한 시점 우주 전체의 상태가 그 직전 우주 전체의 상태에 따라 결정된다고 주장하는 것을 우주론적 결정론$^{cosmic\ determinism}$이라고 부른다.
 우주론적 결정론에 관해 현대 물리학자들 사이에서 크게 논란이 있었다. 아인슈타인이 "신은 주사위 놀이를 하지 않는다"라는 유명한 말로써 우주론적 결정론을 강력하게 주장한 반면 닐스 보어$^{Niels\ Bohr,\ 1885~1962}$를 비롯한 양자역학자들은 우주론적인 결정론을 극력 반대했다. 그 이후 유명한 천체물리학자인 스티

븐 호킹[Stephen Hawking, 1942~]은 "신은 주사위 놀이를 할 뿐만 아니라 주사위를 보이지 않는 곳에 던지기도 한다"는 유명한 말을 통해 우주론적 결정론을 비판했다.

우주론적 결정론은 다음과 같다. 하나의 입자가 운동을 할 때 그 입자의 현재 위치와 운동량이 결정되어 있고 그 운동의 벡터적인 방향이 결정되어 있다면 그다음 순간에 그 입자가 어디에 가 있는가가 미리 결정된다. 온 우주를 구성하는 각각의 입자들은 예외 없이 이런 방식으로 현존하고 그 모든 입자의 현재 상태에 의해 온 우주의 현재 상태가 결정된다. 따라서 다음 시점의 우주 상태가 전적으로 현시점의 우주 상태가 어떤가에 따라 결정된다.

그런데 양자역학에서는 입자의 위치와 운동량이 동시에 결정될 수 없다는 점을 밝혀내고 이를 바탕으로 아인슈타인의 우주론적 결정론을 전격적으로 비판했다. 참으로 대단한 천재들 간의 논쟁이 아닐 수 없다. 흥미로운 점은 양자역학의 플랑크상수가 개개 소립자의 운동에서 생겨날 수 있는 확률적인 우연성의 한계[이 한계 자체는 일종의 필연성을 간직하고 있음]를 지적하기 때문에 거시적인 차원에서는 결정론이 작동한다는 것이다.

우주론적인 결정론을 심리 상태에 적용하게 되면 심리학적 결정론이 성립한다. 이는 현시점의 심리 상태에 따라 다음 시점의 심리 상태가 결정된다는 것이다. 심리학적인 결정론에 따르면 근본적으로 목적과 의도와 선택과 자유 등이 모두 사라지게 된다. 하지만 물리적인 개개의 소립자에도 비결정론이 작동하는데, 그보다 훨씬 더 복합적인 성질을 지닌 심리 상태가 결정론적으로 작동한다고 주장하는 것은 조금만 엄격하게 따져보면 심지어 그 의미조차 파악하기 힘들다.

한때 심리학계를 휩쓸다시피 했고 특히 스키너^{Barrhus Skinner}에 의해 유명해진 행동주의^{behaviorism}라는 것이 있다. 행동주의는 심리학이란 행동을 설명하고 예측하는 것이지 정신 상태를 설명하고 예측하는 것이 아니라고 주장한다. 따라서 자신의 정신 상태를 관찰하는 내성^{內省}을 거부한다. 내성에 의거해서 밝혀진다는 심리 내부는 도대체 규정하기도 힘들거니와 행동을 설명하는 데도 전혀 필요하지 않다고 한다. 그러면서 오로지 객관적으로 드러난 행동들 간의 관계만으로 행동을 설명, 예측할 수 있어야 한다고 믿는다. 이런 연구를 가능하게 하는 근본적인 전제로서 행동에 대한 인과 결정론을 내세운다. 그 선구자는 조건반사이론으로 유명한 파블로프^{Ivan Pavlov}다. 조건반사에 의해 행동을 설명하려는 것이야말로 모든 행동을 인과적인 필연성에 의거해서 이루어진다고 보는 것이기 때문이다.

이런 행동주의의 결정론에 따르면 근본적으로 선택도 자유도

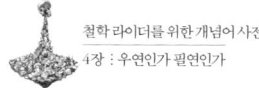

의지도 성립할 수 없게 된다. 그런데 이런 심리학적인 결정론에 입각해서 사회공학이라는 것이 성립한다. 사회공학은 사회를 구성하는 일반 대중들은 특히 쾌락과 공포를 중심으로 한 외부의 자극에 따라 반드시 일정하게 반응할 수밖에 없기 때문에 얼마든지 조작 가능하고 그 결과 사회 전체의 방향을 유도해갈 수 있다고 본다. 당연히 이는 파시즘적인 독재자들이 선호하는 이론임에 틀림없다. 한때 우리나라 국회에서 어느 고위 관료가 "우리 공무원들은 영혼이 없다"는 충격적인 고백을 한 적이 있다. 관료주의가 지배적인 힘을 발휘하게 되면 그 사회는 어느 특정한 개인이나 소수에 의해 사회공학적으로 조성될 것이다. 각자의 자유를 바탕으로 민주주의 사회를 건설해서 사회 구성원 개개인의 삶을 최대한 자율적이면서도 자기 주권적인 역동성을 갖도록 노력해온 이유는 모든 종류의 결정론이 지닌 무서운 부작용을 잘 알고 있기 때문이라 할 수 있다.

동기

    이런 행동주의에서 가장 잘 드러나는 심리학적인 결정론에 의하면 본래적인 의미의 동기motive 개념이 성립할 수 없다. 동기는 원인cause과 상당히 비슷한 개념이지만 원인은 동기를 포함하는 넓은 외연을 지닌 개념이라 할 수 있고 동기는 인간의 행동이나 감정에만 적용되는 좁은 외연을 지닌바 특수한 의미를 내포한 원인이라 할 수 있다. 그러나 대체로 원인은 객관적·기계적·결정론적인 관계에 대해서 주로 쓰고, 동기는 주관적·목적적·비결정론적인 관계에 대해서 주로 쓴다. 검찰이 살인범의 살인 동기를 맨 먼저 파악하고자 하는 것이 그 예가 될 수 있다.

    그런데 심리학적 결정론에 의거해서 보면, 예컨대 나 자신이 비참하다는 감정 때문에 전적으로 나 자신의 분노의 감정이 생겨났다고 할 때 비참함의 감정이 동기가 되어 분노의 감정이 일어났다고 할 수 없고, 비참함의 감정이 원인이 되어 분노의 감정이 일어났다고 해야 한다. 원인은 결과에 대해 결정적인 반면, 동기는 동기부여된 것에 대해 결정적이지 않고 양자 간에 간극이 있다. 비참하다는 감정 때문에 분노의 감정이 생길 수도 있지만 수치의 감정이 생길 수도 있다. 그럴 때 분노의 감정 외에 다른 감정이 생길 수도 있다는 그 가능성이 바로 동기를 성립시킨다. 그런 가능성이 없다면 동기가 아니라 원인이라 해야 한다.

사실 동기와 원인을 정확하게 구분하는 것은 쉬운 일이 아니다. 예컨대 고개를 돌리면 보이던 장면이 보이지 않고 보이지 않던 장면이 보인다. 이때 '고개를 돌린 것'은 '보이던 장면이 보이지 않고 보이지 않던 장면이 보임'에 대해 원인인가, 아니면 동기인가? 철학자 후설은 이런 경우를 '동기부여적 인과성'이라고 한다. 영화를 보고 있는데, 갑자기 정전이 되어 영화가 끊겨버렸다. 이때 '정전'은 '영화가 끊김'에 대해 동기인가, 아니면 원인인가? 원인이다. 이런 경우 후설은 '객관적 인과성'이라고 한다.

이런 예를 통해 우리는 동기부여적 인과성과 객관적 인과성에 대한 특징적인 차이를 찾아낼 수 있다. 동기부여는 나의 주관적인 영역에서 성립하고 객관적인 원인은 말 그대로 객관적인 영역에서 성립한다. 내가 고개를 돌리는 것은 나의 행동이고 보이는 장면이 교체되는 것은 나의 지각에서 일어나는 일이다. 그래서 사르트르는 동기부여 관계에서 두 의식의 분열을 찾아낸다. 동기가 되는 의식이 있고 동기를 부여받은 의식이 있다는 것이다. 그러면서 사르트르는 동기를 제공하는 의식은 과거에 속하고 동기를 부여받은 의식은 현재에 속한다고 본다. 동기를 부여받은 의식은 스스로가 동기를 제공하는 의식과 다르다는 것을 이미 파악한다. 말하자면 동기를 부여받은 의식은 동기를 제공하는 의식이 그 자체로 자기 자신임을 부정·초월하지 않고는 동기부여 관계가 성립할 수 없다고 사르트르는 말한다. 동기는 의식이긴 하되, 동기를 부여받는 의식에 의해 부정·초월된 대상으로서의 의식이다. 그래서 동기는 일종의 의식 내재적인 초월적 대상에 해당된다. 그런데 동기는 나의 자유, 즉 그 동기를 부정·초월해서 행동할 수 있는 나의 자유를 전제로 하지 않으면 성립할 수 없다.

원인은 그렇지 않다. 원인을 제공받아 성립한 결과는 원인 없이는 아예 성립조차 할 수 없다. 즉 인과관계는 과거인 원인이 현재인 결과를 존립하게 하는 근거가 되는 것이고 동기부여 관계는 현재인 '동기를 부여받은 의식혹은 행동'이 주도권을 쥐고서 과거인 '동기'를 존립하게 하는 근거가 된다. 동기와 원인을 구분할 때는 주관성과 객관성을 염두에 두는 것도 중요하지만 이처럼 과거와 현재 간의 주도권 다툼을 염두에 두는 것도 중요하다. 객관적인 인과성의 관계에서는 과거가 현재를 지배하고 주

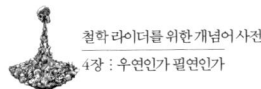

관적인 동기부여 관계에서는 현재가 과거를 지배한다. 방향이 서로 반대다. 현재가 열려 있지 않은 상태에서는 원인은 성립할 수 있지만 동기는 성립할 수 없다.

새로운 인생을 살게 된 데 대해 근본적으로 보아 동기는 이야기할 수 있으나 원인은 이야기할 수 없다. 그 반대로 내가 실제로 부모에게서 태어난 데 대해서는 근본적으로 보아 원인을 이야기할 수는 있으나 동기를 이야기할 수 없다. 인생을 살다 보면 나의 의지나 의도와는 전혀 상관없이 지독한 절망에 빠질 수 있다. 그리고 절망에 빠졌을 때 절망을 딛고 일어나 꿈과 희망을 분명하게 갖고서 활기 있게 살게 되는 계기를 만날 수 있다. 야식배달을 하던 청년이 사장의 권유로 어느 텔레비전 프로그램에 출연하여 멋진 성악 솜씨를 뽐냈다. 이 청년이 새로운 삶을 살게 된 데는 사장의 권유가 동기부여를 했다. 중요한 것은 실제로 행동에 옮길 수 있을 정도로 동기가 강력해야 한다는 사실이다. 텔레비전 프로그램에 한 번 나가보자고 마음먹고 실제로 신청을 하고 출연이 결정되고 노래 연습을 하고 드디어 출연하기에 이르기까지 그 모든 행동을 견인해가는 동력은 자신의 삶에 대한 강력한 동기다. 사장이 그 청년에게 불러일으킨 새로운 삶에 대한 동기가 그 청년에게 완전히 다른 삶을 선물한 셈이다. 새로운 삶을 위해 행동하는 데 가장 중요한 것은 동기부여다.

그런데 동기부여는 아무렇게나 이루어질 수는 없다. 현실적인 여건이 맞아떨어져야 한다. 이때 현실적인 여건은 새로운 삶을 위한 동기부여의 원인들로 작동한다. 동기부여는 원인들을 바탕으로 하되, 그 원인들을 이용함과 동시에 그 원인들을 넘어선 차원에서 이루어진다. 왠지 인생이 먹먹하다는 느낌이 들 때, 왠지 인생이 지겹다는 느낌이 들 때, 왠지 인생이 막다른 골목에 접어들었다는 느낌이 들 때 혹은 왠지 인생이 밋밋하다는 느낌이 들 때 가장 중요한 것은 새로운 삶에 대한 동기부여다. 내가 나 자신에게 강력한 삶을 살 수 있는 동기를 부여해야 한다. 그럴 수 있는 계기는 주변에 얼마든지 포진되어 있다. 나를 아끼는 사람들의 애정 어린 충고나 인생을 강렬하게 살다 간 매력적인 인물들의 이야기는 물론이고, 심지어 심한 모욕감을 느끼게 하는 주변의 못된 인간들조차 내가 나에게 강력한 삶을 향한 동기를 부여할 계기가 된다. 그러고 보면 인생이란 원인으로 작동하는 주어진 여건들을 활용하고 넘어서는 강력한 동기를 바탕으로 해서 계속 새롭게 전진해나가는 것이라 할 수 있다.

편위

 현재가 열려 있다는 말을 했다. 만약 현재가 열려 있다는 것이 가장 근원적인 시간의 형식이라면 고정된 과거는 이 열려 있는 현재로부터 파생된 것에 불과하다. 이를 바탕으로 한 철학이 바로 현존철학이다. 현존은 항상 열려 있는 현재에 입각해서 성립하기 때문이다. 그런 현존을 영원성을 띤 본질보다 더욱더 근원적이라고 주장하는 것이 현존철학이다. 영원성을 띤 본질, 그런 본질을 지닌 것들이 현존한다면 그 현존은 본질이 현재를 통해 일시적으로 표현되는 것에 불과하다. 그러나 그와 같이 영원성을 띤 본질을 존재의 바탕으로 여긴다는 것은 저 앞에서 우리가 말한 '본성의 운동'을 인정하지 않는 것이다. 본성은 말과는 달리 항상 운동하는 것, 즉 변화하는 것이다. 이를 우리는 이중적이고 모순적인 본성이라고 했지만 그렇게 말할 수밖에 없다. 본성이라는 말 자체가 지닌 논리적인 뜻에 얽매여서는 안 된다.
 결국은 '열려 있는 현재 속에서 항상 운동·변화하는 본성을 지닌 것들'만이 진정으로 존재한다고 할 수 있다. 이럴 때 문제는 '열려 있는 현재'가 어떻게 성립하는가 하는 것이다. 이를 설명해주는 개념이 바로 '편위$^{declination\leftarrow clinamen}$'가 아닌가 싶다.

'편위', 즉 '클리나멘'이라는 개념은 에피쿠로스$^{Epicouros,\ BC\ 341?\sim BC\ 270?}$가 선배 원자론자이자 유물론자인 데모크리토스를 비판하고 극복하기 위해 생각해낸 것이다. 이에 관해서는 마르크스가 쓴 《데모크리토스와 에피쿠로스 자연철학의 차이$^{Über\ die\ Differenz\ der\ Demokritischen\ und\ Epikureischen\ Naturphi.osophi}$》를 철저히 읽어야 제대로 논의할 수 있다. 마르크스에 따르면 데모크리토스는 원자들의 운동을 낙하운동과 원자들의 충돌에 의한 직선운동만을 인정한 반면 에피쿠로스는 여기에다 원자 자체의 편위에 의한 운동을 더했다고 한다. 편위에 의해 원자는 오로지 외적인 관계에 의해서만 운동하는 것이 아니라 내적인 힘에 의해서도 운동하게 된다. 마르크스는 이를 '원자의 저항과 고집' 혹은 '원자의 영혼'이라고 말하기도 하는데 참으로 묘한 부분이다.

원자는 분명 가장 단순한 것이지만 그 자체 아무런 본성도 지니지 않은 것이다. 하지만 원자는 본성을 지닌 일체의 것들을 구성하는 요소로서 그것들이 질을 가질 수 있게 한다. 그런데 원자가 자기 내적인 힘을 지니고 있다고 말하는 것은 그 나름 일정하게 본성을 갖는 것으로 보이게 한다. 그러니까 원자의 편위는 일체의 본성들이 운동·변화하게 하는바 '본성 아닌 본성'

혹은 '본성을 넘어선 본성'이라 해야 한다.

그러니까 편위는 일체의 결정론을 근원에서부터 분쇄하는 원리다. 결정론은 원자들 간의 충돌에 의거한 운동만을 인정하는 것이라 할 수 있기 때문이다. 결정론은 직선적인 반면 편위는 직선을 요동치게 한다. 직선을 요동치게 하는 그 극미한 이탈을 편위라 보면 된다. 수학적으로 말하면 미분적인 기울기를 만들어내는 것이 바로 편위다.

에피쿠로스의 유물론적 원자론을 활용해서 말하면 인간의 모든 정신도 원자들로 되어 있는데 정신에서부터 동기부여, 자유, 목적, 의도, 선택 등이 가능한 것은 바로 정신을 구성하는 원자들의 편위들이 인간 정신에서 특히 강렬하게 표현되기 때문이다.

본질적으로 결정된 것, 영원한 본성을 지닌 것, 영원히 동일한 것 등 일체의 현존자들을 근원에서부터 불가능하게 만드는 것이 바로 편위다. 말하자면 편위는 '열려 있는 현재'에서 그 '열려 있음'을 가능하게 하는 원리라 할 수 있다.

갑작스러운 방향의 전환이 원자가 지닌 편위라고 할 수 있다. 이를 확대시켜 사회 역사적인 차원에 적용하면 혁명을 설명하는 원리가 된다. 한 사회가 안정된 방식으로 운용되는 것처럼 보이지만 그 속에는 항상 원자의 편위와 같은 강력한 일탈이 내재되어 있다. 예기치 않은 일이 벌어지는 것은 개인에게나 사회 또는 국가에서나 언제든 가능하다. 이를 존재론적인 차원에서 설명해주는 개념이 바로 편위다. 혁명의 가능성에서 알 수 있듯이 편위는 어떤 변화와 같은 것이어서 근본적으로 불안정을 연출해내는 기반이 된다. 그런 만큼 편위는 불안과 관련되어 있다.

인생에서 편위는 어쩌면 돌발적인 충동과 깊이 연관되어 있을 것이다. 전혀 예기치 않은 상황에서 갑작스럽게 분출되어 나오는 충동, 예컨대 성충동은 인생을 여러모로 꼬이게도 하고 완전히 새로운 인생을 기대하게 만드는 원천이기도 하다. 편위가 없는 인생은 그만큼 밋밋하고 예사로운 것에 머물고 만다. 원자의 경우 편위라고 하는 돌출적인 운동은 인과적이고 기계적인 운동이 근본적으로 불가능함을 의미하는데, 우리 인생이 인과적이고 기계적인 차원을 넘어서는 데서 성립한다고 한다면 인생이야말로 근본적으로 편위에 의거한다고 할 수 있다.

코나투스

편위와 가장 관련이 깊은 또 다른 개념으로 코나투스^{conatus}가 있다. 편위가 극미한 원자의 차원에서 성립하는 것이라면 코나투스는 복합체의 차원에서 성립한다고 보아야 한다. 오늘날 코나투스는 주로 스피노자가 이야기한 것으로 알려져 있지만 사실 이 개념은 그보다 오래되었다. 코나투스는 정신이 대상을 향해 운동해가는 것을 설명하는 개념으로 쓰이기도 했다. 그러다가 데카르트가 등장하면서 코나투스는 존재하는 것들이 갖는 일체의 목적론적인 지향을 제거하는 데 활용되기도 했다. 데카르트는 신이 우주를 창조할 때 일체의 것들을 운동의 상태로 창조했는데, 계속 운동하고자 하는 것이 바로 코나투스라고 했다. 데카르트는 코나투스를 물리적인 관성으로 보았던 것이다.

그런데 스피노자에 이르러 코나투스는 존재하는 일체의 것들이 자신의 존재를 유지·강화하고자 하는 경향을 지칭하게 되었다. 자신의 존재를 유지한다는 것은 데카르트가 말한 기계론적인 관성과 유사하고 자신의 존재를 강화한다는 것은 아리스토텔레스가 말한 완전태를 향한 목적론적인 사유와 일정하게 일치한다. 그러고 보면 스피노자의 운동론은 기계론과 목적론을 묘하게 결합한 것이라 할 수 있다. 스피노자는 일체의 운동들은 신적인 본질에 의거해서 결정되는 것으로 보았다. 그렇게 되면 자유의지는 근본적으로 없다고 할 수밖에 없을 것인데, 하나의 존재가 자신의 코나투스에 의거해서 운동할 때 자유의지가 발동된다고 말할 수 있다고 했다. 이때 코나투스는 목적론적인 측면의 코나투스라고 해야 한다. 하지만 목적론적인 측면의 코나투스가 그 자체로 기계론적인 측면의 코나투스이기 때문에 그저 단순하게 목적론적인지 아니면 기계론적인지 딱 잘라 말할 수는 없다.

스피노자가 존재하는 것들은 코나투스적인 본성을 지닌다고 말한 것은 원자가 편위라고 하는 자기 나름의 내적인 힘을 지니고 있다고 말하는 것과 대단히 유사하다. 그래서 본성에 의거한 행동을 필연적, 객관적 인과성에 의거한 행동이라고 해야 할지, 아니면 의지적, 주관적 동기부여의 인과성에 의거한 행동이라고 해야 할지 종잡을 수 없게 된다. 우리는 편위를 '본성 아닌 본성' 혹은 '본성을 넘어선 본성'이라고 했다.

그런데 코나투스를 이와 유사한 것으로 볼 수 있는가 하는 문제가 등장한다. 스피노자가 말하는 코나투스는 우리가 현존자라고 부르는 양태에 대해 적용하는 것이다. 스피노자에게 양태는 그 의미상 원자라기보다 복합체에 해당한다. 복합체는 질적인 본성을 갖는다. 그 질적인 본성을 최대한 완전하게 만들고자 하는 것이 해당 양태의 코나투스다. 편위는 본성을 넘어선 근원적인 힘이라고 했다. 이 편위의 위력은 코나투스를 위험에 빠트릴 수 있다. 하나의 양태가 끝끝내 자신이고자 하는 것은 자기 동일성을 유지하고자 하는 강렬한 힘을 발휘한다는 것이다. 일체의 자기 동일성을 근원에서부터 파기하고자 하는 것이 편위라고 한다면 편위는 코나투스에게는 대단히 위협적이다.

그런데 영원히 자기 동일적인 본성을 지닌 것, 예컨대 플라톤의 이데아 같은 것이 그렇게 영원히 자기 자신을 유지하고자 하는 힘의 바탕이 바로 코나투스에 있다고 하게 되면 '영원히 자기 동일적인 본성을 지닌 것'이라는 개념은 코나투스라는 개념에 의해 근본적으로 파괴되고 만다. 왜냐하면 코나투스는 항상 다른 것들과의 투쟁적인 관계를 전제로 하기 때문이다. 이런 점을 염두에 두면 코나투스는 편위와 같은 편에 서게 된다. 일체의 것들을 역동적이게 하는, 쉽게 말하면 일체의 것들을 생명적이게 하는 것이 바로 코나투스다. 그렇기 때문에 스피노자의 코나투스를 베르그송의 '엘랑 비탈$^{elan\ vital,\ 생명의\ 약동}$'과 비견해서 말하기도 한다.

우리는 이따금 자성, 대타성 그리고 자성과 대타성의 상호 교환적인 관계를 언급했다. 자성은 어떤 것이 다른 것이 아니라 바로 그것임을 의미하고, 대타성은 어떤 것이 다른 것들과 맺는 관계에 따라 달라지는 것을 의미한다. 어떤 것이 자성 없이는 대타성을 가질 수 없고, 대타적이지 않고는 진정한 의미의 자성을 갖지 못한다고 했다. 이때 자성은 자기가 아닌 것들과 관계해서 영향을 받으면서도 끝내 자기 자신이고자 한다. 이를 정확하게 나타내는 개념이 바로 코나투스다.

우리 인간이야말로 코나투스가 대단히 강한 존재다. 조심해야 할 것은 코나투스를 발휘하되, 타인들과의 관계를 아예 무시하게 되면 그때 코나투스는 오히려 자신의 위력이 약화되는 쪽으로 기울게 된다는 사실이다. 나 자신의 자성을 제대로 유지하기 위해서는 아무쪼록 다른 많은 사람들과 다양하고 깊은 관계를 맺어야 한다. 그런 가운데 자신의 코나투스를 힘껏 발휘할 때 비로소 진정한 의미의 자성을 획득하게 된다. 이는 삶의 지혜 중 어쩌면 가장 기본적인 것이라 할 수 있다. 유념해야 할 일이다.

충동

 이에 우리는 충동^{drive}이라는 개념을 생각하게 된다. 충동이라고 하면 우리는 예사로 성충동인 에로스^{Eros}와 죽음충동인 타나토스^{Thanatos}를 제시한 프로이트의 이론을 머릿속에 떠올리게 된다. 여기에서 에로스는 스피노자가 말한 코나투스와 거의 직결된다고 할 수 있다. 그래서 에로스를 '생명충동'으로 번역하기도 한다.

 충동은 본능과 유사하게 쓰이기도 하지만 '강렬한 본능'을 충동이라 하면 될 것이다. 그러나 충동을 그저 강렬한 본능이라고 하면 자칫 충동이 성립하는 곳에 기본적으로 억제가 전제되어 있다는 사실을 간과하기 쉽다. 억제가 없는 곳에는 충동도 없다. 그래서 우리는 일반 동물들에 대해 '본능적인 행동'이라는 말은 할 수 있어도 '충동적인 행동'이라는 말은 의미 있게 쓸 수 없는 것이다. 그러고 보면 억제의 역할을 하는 이성과 크게 대립되는 것은 본능이 아니라 충동임을 알 수 있다.

 전 우주적으로 보면 이성적인 질서를 지닌 코스모스가 카오스에 대해 억제의 역할을 한다고 할 수 있다. 그러니까 충동의 근원적인 출처는 카오스라 할 수 있다. 이를 우리 인간에게 적용하면 이성의 억제를 넘어서서 카오스적인 상태로 돌아가고 싶어 하는 것이 바로 충동이라 할 수 있다. 그런데 카오스적인 상태는 니체가 말하는 디오니소스적인 도취와 같은 것이기에 충만한 강도와 밀도를 지닌 순전한 감각 자체의 상태라 할 수 있다. 그래서 우리 인간에게 충동은 결국 '더없이 격렬한 온 우주적인 감각 상태로 하나가 되고자 하는 충동'이라 하지 않을 수 없다. 이를 향한 우리 인간만의 고유한 충동을 일컬어 우리는 '존재론적인 충동'이라 달리 부르고자 한다.

인간만이 갖는 존재론적인 충동은 한편으로 보면 신이 되고자 하는 충동이다. 이때 신이란 스피노자가 말하는 신처럼 존재하는 온 우주 자체다. 인간은 일체의 것들과 하나를 이루고자 하는 괴이한 욕망을 지니고 있는데, 그것이 바로 존재론적인 충동이다.

인생을 한참 살다 보면 '아, 이렇게 살다가 가는 것인가?' 하는 의구심이 뭉게뭉게 솟구친다. 그러면서 '언젠가는 더 이상 바랄 것이 없을 정도로 꽉 찬 희열의 순간을 맞이하게 되지 않겠는가' 하는 막연하기 이를 데 없는 바람을 갖게 된다. 대부분의 사람들은 홀연히 이런 생각들에 빠져들곤 한다. 물론 이는 나의 현행적인 삶에 대한 불만을 말해주기도 하지만 동시에 인간인 이상 지니지 않을 수 없는 존재론적인 충동을 말해준다.

인간이 역사를 통해 신을 안출하게 된 것은 바로 이 존재론적인 충동 때문이다. 신을 생각하게 된 것이 그저 자연이 주는 공포 때문만은 아니다. 말하자면 인간이

신을 생각하게 된 것은 인간의 수동적인 무력함 때문만은 아니었다. 신을 전지전능한 존재라고 생각한 것은 인간이 바로 그런 존재가 되고 싶은 바람을 투사한 것이라 할 수 있다. 그 바람에는 존재하는 일체의 것들을 지배하는 권력을 발휘함으로써 지배 욕망을 채우고자 하는 마음이 들어 있음에 틀림없다. 그러나 그런 지배 욕망에 의거한 바람은 결코 완전한 만족을 줄 수 없다. 끝없이 지배받는 것들의 저항에 직면해야 하고, 그 저항을 손쉽게 제어하게 되면 그만큼 싱겁기 그지없고 그 저항을 애써 제어하게 되면 그렇게 애쓰는 과정에서 불만족이 연출될 것이기 때문이다.

진정으로 완전한 만족은 그보다는 일체의 것들과 하나를 이룰 때 성취된다고 할 수 있다. 그 일체의 것들이 갖는 저항력을 오히려 나 자신의 것으로 만듦으로써 심지어 나 자신이라고 하는 배타적인 일체의 경계를 넘어설 수 있기 때문이다. 존재론적인 충동은 바로 이같이 제외된 것 없이 모든 것들과 완전히 하

나 됨을 향한 것이다.

근본에서부터 이럴진대 한반도의 분단을 극복하고 통일을 이루어야 한다는 민족의 바람은 당연한 것이다. 한반도 주민들의 통일을 향한 바람은 민족의 존재론적인 충동이라 일컬어도 무리가 없을 것이다.

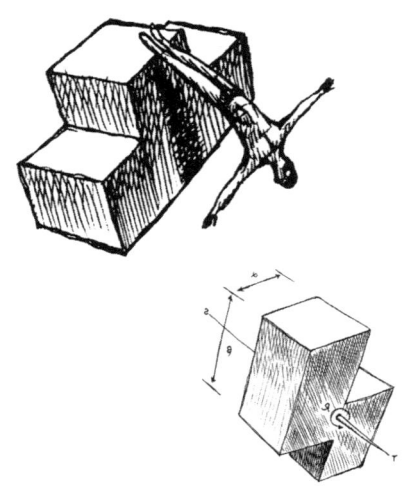

습관

충동과 대립되는 것이 습관^{habitude}이다. 습관은 우리 인간이 사회 역사적인 현존자로서 그 나름의 힘을 효율적으로 발휘하기 위한 것이다. 그러고 보면 습관이 일정하게 코나투스와 연결된다는 것을 쉽게 알 수 있다. 코나투스라는 개념은 이래저래 여러 갈래로 발을 걸치고 있는 셈이니, 더욱 치밀하게 연구해보아야 한다.

습관과 관련해서 근원적으로 접근해 들어갈 수 있는 개념을 구축한 철학자는 메를로퐁티다. 그는 '몸틀$^{schema\ corporel}$'이라는 철학 개념을 만든 인물이다. 몸틀은 몸이 자신의 존재를 유지·강화하기 위해 스스로의 운동 구조를 바꿈으로써 몸에 정착되는 것이다. 자전거를 탈 수 있는 몸의 운동 구조는 특이하다. 자전거를 탈 수 있는 몸의 운동 구조가 바로 자전거를 탈 수 있는 몸틀이다. 메를로퐁티는 인간의 몸은 자신이 살고 있는 복잡 다양한 세계에 최대한 적응해서 그 내용을 향유하기 위해 각종 몸틀을 구비한다고 여긴다.

그러고 보면 우리 인간, 즉 우리의 몸은 온갖 종류의 몸틀들을 태어날 때부터 구비하기 시작해서 죽을 때까지 새로운 몸틀을 형성하고자 한다. 이 몸틀들을 망라한 것을 메를로퐁티는 습관이라고 한다. 몸틀은 내가 굳이 반성적인 정신을 발휘하지 않더라도 몸이 알아서 주어진 상황에 적응해서 효과를 내게 한다. 그러니까 습관은 우리 삶에서 대단히 중요한 것이다. 습관은 삶의 항상성을 유지시키고, 그럼으로써 삶에 안정감을 가져다준다.

문제는 한번 형성된 몸틀은 좀처럼 변경되지 않는다는 사실이다. 그래서 습관은 우리 삶의 방식을 일정한 방향으로 유지하려는 이른바 보수성을 띤다. 따라서 기존의 습관을 넘어선 새로운 몸틀을 갖추기 위해서는 기존의 습관이 지닌 코나투스와는 다른 새로운 힘이 요구된다. 말하자면 편위와 같은 힘이 요구된다.

이에 우리는 충동을 끌어들여 생각해야 한다. 충동은 습관과 대립된다고 했다. 충동이 습관이 될 수는 없다. 충동은 근원적으로 보면 편위에 해당한다. 습관이 직선이라면 충동은 직선으로부터 강렬하게 이탈하는 일종의 강렬한 특이성이라 할 수 있다. 충동이 예술적인 창조력과 연결되는 것은 바로 이런 측면 때문이다. 그러고 보면 습관과 충동은 우리의 삶을 형성하는 바탕을 이루는 거대한 두 축이라 할 수 있다.

습관과 관련해서 다소 나쁜 의미로 쓰이는 '매너리즘'이라는

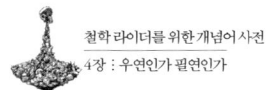

말이 있다. 우리는 "너, 너무 매너리즘에 빠진 것 아냐? 왜 그렇게 창조력을 발휘하지 못하니?"라는 식의 표현을 한다. 이런 말을 듣는 것은 대단히 기분 나쁜 일이다. 매너리즘에 빠지게 되면 인생에서 좀처럼 새로운 맛을 느끼지 못한다. 달리 말하면 인생에 있어서 충동적인 에너지의 분출을 좀처럼 느끼지 못하는 것이다. 이 대목에서 우리는 충동이라는 말을 함부로 폄하해서는 안 된다는 것을 알게 된다. 인간에게서 충동적인 힘이 빠지면 삶은 시큰둥해지고 시들시들해진다. 그저 꾸역꾸역 삶을 영위하는 꼴이 된다. 충동이 없는 오로지 습관만의 삶은 항상적이고 안정된 것이 아니라 오히려 위태롭기 짝이 없는 것이 된다. 습관을 통해 항상적이고 안정된 삶을 영위하기 위해서는 오히려 습관을 위태롭게 하는 충동이 요구된다. 조금만 생각해보더라도 인생이란 참으로 기묘하기 이를 데 없는 것이다. 함부로 충동을 두려워하거나 짐짓 무시하려 해서는 안 된다.

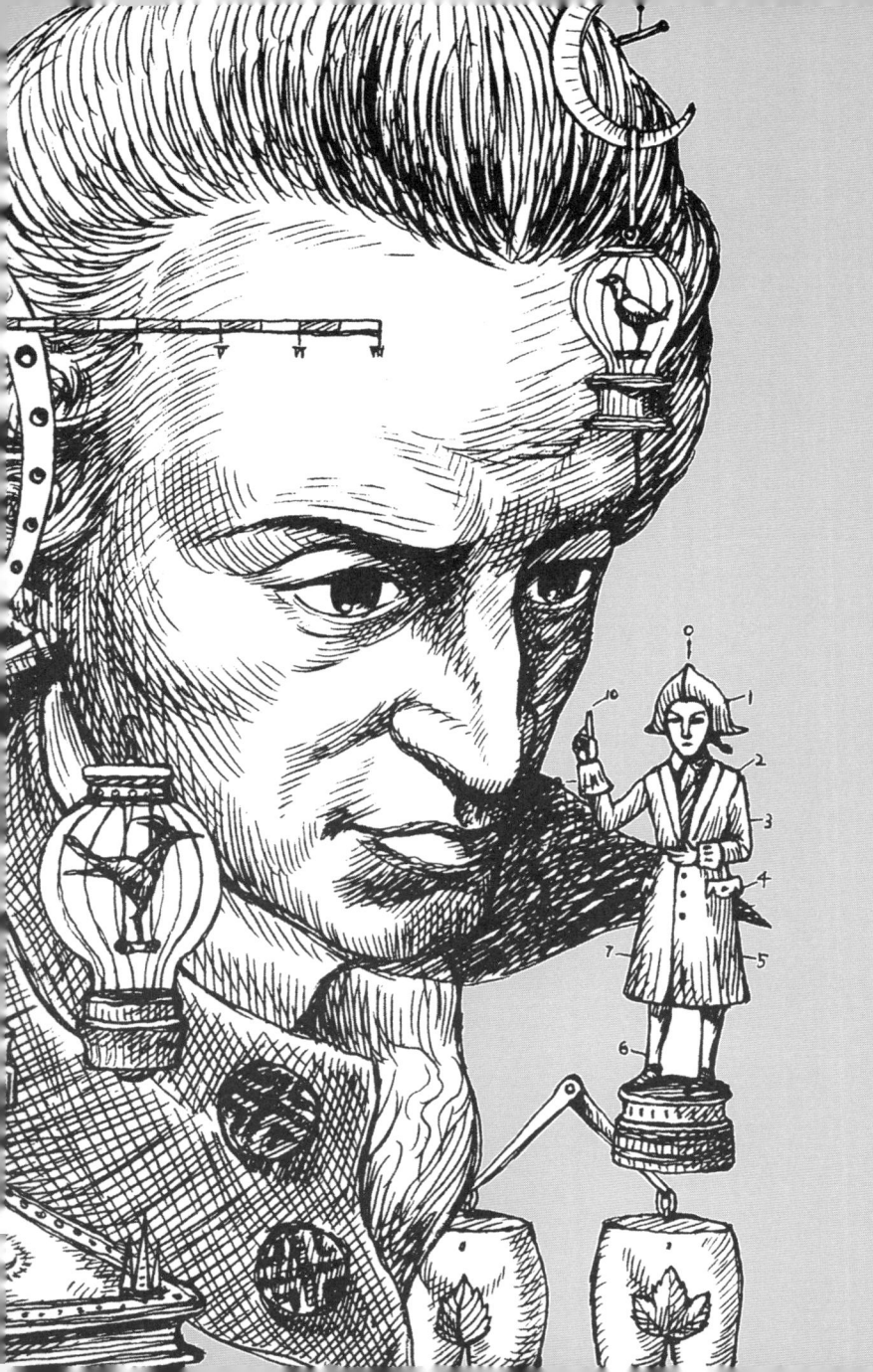

{ 5장 }

내가 보는 세계는
진짜일까?

| 경험 편 |

'첫 경험', '실직한 경험', '신비한 경험' …… 인생은 경험의 집결체라고 해도 과언이 아니다. 이 순간에도 우리의 경험은 계속된다. 그러나 철학에서 경험이 의미를 갖게 된 것은 근대 이후다. "우리의 모든 인식이 경험과 동시에 시작된다는 점에 대해서는 그 어떤 의심도 없다"라는 칸트의 말과 함께 경험은 철학의 근본 문제로 떠오른다.

경험

 경험은 설렘을 주는 '첫 경험'이 말해주듯이 일상적으로 흔히 쓰는 개념이다. 그만큼 경우에 따라 의미가 사뭇 달라지는 낱말이 바로 경험이다. '신적인 경험', '신비한 경험', '오르가슴 경험', '부도난 경험', '실직 경험' 등 어쩌면 인생에서 겪는 모든 일을 '…… 경험'이라고 말할 수 있다고 해도 과언이 아닐 정도로 경험은 폭이 넓다. 인생은 경험의 연속과 축적이라 할 수 있을 정도다.

 그런데 철학에서 경험은 적어도 근대 이후부터 적극적인 의미를 갖게 된다. 근대 철학에서는 첫째, 경험은 타고난 관념들^本(유관념)과 크게 대립되면서 외부 세계와의 감각적인 접촉을 통해 새로운 관념들을 획득하는 것으로 취급된다. 둘째, 경험은 형식과 크게 대립되면서 형식을 채우는 내용으로 취급된다. 셋째, 경험은 이론적인 작업과 크게 대립되면서 이론 구성을 위한 일차적인 재료를 제공해주는 원천으로 취급된다. 이중에서 가장 중요한 것은 첫 번째 '외부 세계와의 접촉'이다.

경험을 외부 세계와의 접촉이라고 할 때 여러 문제가 등장한다. '누가 혹은 무엇이 외부 세계와 접촉하는가?', '어떻게 외부 세계와 접촉하는가?', '접촉 전의 외부 세계와 접촉 시의 외부 세계가 동일한가?', '외부 세계와의 접촉에서 기왕의 경험 혹은 미래의 경험 가능성은 어떤 역할을 하는가?', '외부 세계와의 접촉에서 의식되는 부분과 의식되지 않는 부분을 구분할 수는 없는가?', '구분할 수 있다면 그 둘의 관계는 어떤가?' 등의 문제들이 줄지어 생겨난다. 이 문제들에 일일이 답을 하게 되면 인식론의 체계를 세울 수 있을 것이다.

이 정도로 외부 세계와의 접촉으로서의 경험은 철학에서 해명해야 할 가장 근본적인 문제다. 이는 앞서 인생사 일체의 것들이 바로 경험이라고 한 점과 직결된다. 예컨대 칸트는 《순수이성비판》의 서론 첫 문장에서 "우리의 모든 인식이 경험과 동시에 시작된다는 점에 대해서는 그 어떤 의심도 없다"고 했다. 경험이 무엇인가를 안다면 일체의 인식의 근본을 아는 것이고, 따라서 인생이 무엇인가를 아는 것으로 연결된다고 해도 과언이 아니다. 말하자면 경험을 철학적으로 이해·분석·설명해낸다는 것은 그야말로 철학의 근본 문제라 할 수 있다.

경험을 외부 세계와의 접촉이라고 할 때 그 접촉은 기본적으로 감각을 통해 이루어진다. 그래서 많은 경우 경험은 곧 감각

적인 경험으로 취급된다. 그래서 경험적인 인식은 이성적인 인식과 대립되는 것으로 파악되기도 한다. 플라톤의 경우 이성에 입각한 이데아들에 대한 인식을 에피스테메^{episteme}라고 하고, 경험에 입각한 감각적인 사물들에 대한 인식을 독사^{doxa}라고 해서 크게 구분한다. 그런데 사물들에 대한 경험적인 인식은 그저 감각적인 내용들만을 받아들이는 것이 아니다. 경험적인 인식은 주어진 감각적인 내용들을 일정하게 구분하고 종류별로 분류한다. 이때 종류를 나누는 기준이 어떻게 성립하는가를 다루는 일은 상당히 복잡하다. 이 기준을 형성하거나 파악하는 능력이 경험과는 다른 차원, 즉 이성에서부터 주어진다고 생각할 수도 있다. 이때 이성은 경험에 도움을 주지만 경험에 속한 능력은 아닌 것으로 여겨진다. 그와 달리 경험 자체에 그런 능력이 있다고 여길 수도 있다. 경험 자체에 종류를 나누는 기준을 형성하는 능력이 있다고 할 때 그 능력은 경험 외적인 이성과는 달리 지성이라고 일컬어진다.

이런 점에 크게 착안해서 순수한 이성과 지성을 분명하게 구분한 철학자가 바로 칸트다. 칸트는 순수한 이성은 경험적으로 주어지는 감각과 무관하게 사유하는 능력이고 지성은 경험적으로 주어지는 감각들을 사유하는 능력이라고 한다. 칸트 이전에는 이성과 경험이 얽혀 있는 것으로 여겨서 그저 이성적으로 고

안되었을 뿐이고 경험되지 않는 것들도 마치 감각적으로 경험될 수 있는 것인 양 착각을 많이 했다. 그러나 칸트는 감각적으로 경험될 수 있는 것들에 대해서만 진리가 성립한다는 것을 입증했다. 즉 감각적으로 경험될 수 없는 세계에서는 모순된 두 명제가 동시에 성립하는 이율배반^{antinomy}이 일어난다는 것을 입증했던 것이다. 예컨대 우주는 끝이 없다는 것도 논리적으로 증명되고 우주가 끝이 있다는 것도 논리적으로 증명된다는 것이다. 우주가 끝이 있는지 없는지는 감각적으로 경험될 수 있는 성질의 것이 아니고, 그저 이성적으로 사변될 뿐이다.

이런 칸트의 입장에 따르면 경험적 인식과 적극적으로 대립되는 것은 사변적인 이성에 의한 인식이다. 그런데 이런 인식은 엄밀하게 말하면 인식이라고 할 수 없다. 왜냐하면 거기서는 참 거짓의 구분이 아예 이루어질 수 없기 때문이다. 칸트에 따르면 신이 존재한다거나 존재하지 않는다거나 하는 주장은 참도 거짓도 아니고, 그저 사변적인 사유 놀이에 불과하다. 그러고 보면 참다운 인식은 오로지 경험적인 인식밖에 없는 것이다. 인생은 앎을 떠나서는 영위될 수 없는데, 경험이야말로 모든 진정한 앎의 원천인 것이다. 그래서 우리는 가능하면 많은 경험을 하기 위해 때로는 여행을 떠나기도 하고 때로는 책에 파묻혀 살기도 하는 것이다.

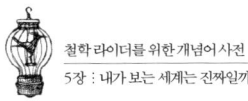

초월 · 내재

 근대 철학이 열리기 전에는 초월이라고 하면 대처로 신적인 초월을 지칭했다. 이른바 초자연적인 신성한 영역으로 상승해 가는 것을 초월한다고 했다. 그런 까닭에 그 반대인 내재는 우리 인간 삶의 현실에 포함된 내용들을 지칭하는 것으로 보았다.

 그러나 데카르트 이후 근대 철학이 열리면서 초월과 내재 모두 인간 삶의 현실에 포섭되는 것으로 여기게 된다. 이때 기준이 되는 것은 의식이다. 초월^{transcendence}은 의식을 벗어나 있음을 지칭하고 내재^{immanence}는 의식에 속해 있음을 지칭하게 된다. 말하자면 초월적인 것$^{the\ transcendent}$은 주로 의식과는 독립되어 있는 것으로 여겨지는 사물적인 대상들을 지칭하고 내재적인 것$^{the\ immanent}$은 주로 감정이라든가, 사유 내용이라든가 혹은 의식 활동을 하는 데 의식 자체가 이미 구비하고 있는 각종 형식들처럼 의식 내적인 것들을 지칭한다.

 그런데 초월적인 것과 내재적인 것을 이렇게 구분한다고는 하지만 실상 둘 중 어디에 속하는지 좀처럼 구분할 수 없는 기묘한 대상이 있다. 그것은 우리가 외부의 사물들을 지각할 때 주어진다. 예컨대 칠판지우개를 살펴보자. 칠판지우개를 빙글빙글 돌리면 그 모습이 다르게 보인다. 다르게 보이는 칠판지우개의 여러 모습 하나하나는 참으로 묘하다. 분명히 의식 바깥에 있는 것처럼 보이는 모습들이기 때문에 초월적이라고 해야 할 것 같은데, 그래서 원리상 의식과 분리되어 있다고 해야 할 것 같은데, 만약 그 모습들 하나하나가 진짜 의식 바깥에 현존한다고 하면 이상하게 된다. 시시때때로 변하는 칠판지우개의 모습은 시간적으로 보아 극미한 한순간마저 제대로 차지하지 못한다. 어느 순간에 있다고 할라치면 그 모습은 이미 사라지고 없고 다른 모습이 나타난다. 그래서 우리는 칠판지우개의 변형되는 모습들은 의식 속에 있다고 하지 않으면 안 될 것 같은 압박을 느끼게 된다.

그에 반해 칠판지우개라는 사물 자체는 의식과 독립해서 저기 바깥에 있는 것 같다. 칠판지우개라고 하는 사물은 어딘지 알 수 없지만 초월적인 영역이라고 할 수밖에 없는 저쪽에서부터 그 존재의 힘을 얻어 우리 눈앞에 뚜렷하게 현존하는 것 같다. 그런데 칠판지우개를 빙글빙글 돌릴 때 수시로 변하는 모습들 자체는 왠지 이쪽 내재적인 영역이라고 할 수밖에 없는 우리의 의식과 관련하지 않고서는 성립될 수 없을 것 같다. 물론 그

내용은 저쪽 초월적인 영역에 있는 칠판지우개로부터 힘을 얻어 성립한다. 세상에서 일어나는 일들 중에 가장 기묘한 일을 지목한다면 바로 이런 사태일 것이다.

이 사태는 본다는 것이 무엇인지를 분석하고자 할 때 출발점이 될 뿐만 아니라 인식이 근본적으로 어떻게 성립하는가를 분석할 때도 출발점이 되고, 나아가 시간이 무엇인가를 분석하고자 할 때도 출발점으로 삼지 않을 수 없다. 그만큼 기묘하다.

중요한 것은 저쪽 초월적인 영역에 현존하는 칠판지우개라고 하는 사물에 대한 우리의 인식이 어떻게 성립하는가다. 만약 수시로 변하는 칠판지우개의 모습들을 근본적인 인식 재료로 해서 그 같은 사물에 대한 인식이 성립된다고 한다면 어떻게 되는가? 내재적인 의식과 관련해서만 의식으로부터 독립된 초월적인 사물이 성립한다고 말해야 한다. 그렇듯 만약 초월적인 것이 내재적인 의식과 관련해서만 성립한다면 초월적인 것에 대해 그야말로 순전히 초월적인 것이라고 할 수 없게 된다. 이를 설명하기 위해 현상학을 만든 후설은 지향적intentional이라는 새로운 개념을 만들었다. 초월적인 것과 내재적인 것 사이를 가로지르면서 양쪽을 끌어당기는 형세를 취하는 것을 '지향적인 것'이라고 했다. 그러니까 후설이 말하는 지향적인 대상은 의식 내재적이면서 의식 초월적이다. 달리 말하면 지향적인 대상은 의식의 안과 밖에 동시에 걸쳐 있다.

의식을 기준으로 한 초월과 내재의 관계는 한편으로 존재와 인식의 관계로 확장된다. 우리의 사유가 초월적인 방향으로 나아간다는 것은 존재 자체의 영역으로 나아가는 것이다. 그 반대로 우리의 사유가 내재적인 방향으로 나아간다는 것은 인식 자체의 영역에 머무는 것이다.

존재 개념을 최대한 확장해서 생각하면 인식 자체도 현존하는 것이고, 그 현존을 통해 인식은 현실적, 잠정적으로 존재 영역에 귀속될 수밖에 없다. 그런데 비록 이념적, 논리적인 방식이긴 하지만 인식을 통해 존재 영역 전체를 대상으로 삼을 수도 있다. 존재와 인식은 완전히 다른 방식으로 서로를 포섭하는 셈이다. 둘이 워낙 다른 방식으로 성립하기 때문에 잘 생각해보면 큰 문제가 없는 것 같기도 하지만 둘 사이에 긴장과 충돌이 충분히 예감되는 것은 어쩔 수 없다. 그래서 이런 충돌을 피하려면 인식이 존재 자체 내의 이질적인 간극(間隙)으로 현존한다고 말해야 한다. 그래서 사르트르는 인식의 근거라 할 수 있는 '의식=대자(對自)'를 무, 즉 존재하지 않는 것으로 여긴다. 그것은 존재가 인식적으로 드러날 때 그 드러남 자체를 인식의 근거로 여기는 것이다. 이런 근거 문제를 의식을 기준으로 한 초월과 내재에 원용하게 되면 진정으로 존재하는 것은 초월적인 것이고 내재적인 것은 그 초월적인 것이 벌어져서 생긴 틈 내지는 간극이 된다. 이는 대단히 전문적이고 복잡 미묘한 문제여서 수사학적으로 이야기될 수밖에 없다.

일상적인 어법에서는 초월과 내재를 구분할 때 의식을 기준으로 하지 않는 경향이 있다. 대체로 물리적인 자연을 내재로 보고 물리적인 자연을 넘어선 것을 초월로 보게 된다. 이런 일상적인 어법에 따른 내재와 초월도 쓰임새가 많다. 예컨대 회화에 관해서도 이를 적절히 적용할 수 있다. 회화는 그림이 그려져 있는 캔버스도 아니고 그림물감도 아니다. 캔버스나 그림물감은 물질적인 세계 속에 내재해 있지만 그림 자체는 물질적인 세계를 초월해 있다. 그런데 그 그림이 저기 캔버스와 그림물감이 있는 곳에 있다는 것은 부인할 수 없다. 그래서 회화에 대해 내재적 초월성을 갖는다고 말하게 된다. 이때 초월과 내재는 앞서 말해온 의식을 기준으로 삼은 것이 아니고 물질적 세계를 기준으로 삼은 것이다. 양자를 맥락에 따라 잘 구분해야 한다.

물리적 세계를 기준으로 해서 볼 때 내재적 초월은 종교에서 말하는 초월적 초월과 대비된다. 초월적 초월은 그야말로 초자연적이라고 이야기되어온 신이나 천사 혹은 내세 등의 존재 방식을 일컫는다. 인생을 초월적 초월에 걸고 있으면 현실의 삶을 함부로 무시하게 된다. 그러나 인생을 내재적 초월에 걸게 되면 오히려 현실의 내재적 삶 자체에 초월성이 있음을 인정하게 되면서 현실의 삶을 더욱 가치 있고 심지어 성스러운 것으로 보게 된다. 이같이 내재와 초월에 대해 어떤 태도를 갖는가는 인생의 의미를 추구하는 데 결정적이라 할 수 있다.

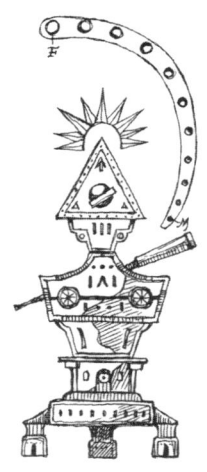

선험성·초월론성

경험을 하는 데, 즉 외부 세계와 접촉할 때 접촉의 주체인 의식은 아무런 적극적인 역할도 하지 않을까? 말하자면 주체인 의식이 접촉하는 그 외부 세계에 대해 그 나름으로 특별히 부가하는 것은 없을까?

이 문제와 관련해서 부각되는 개념이 바로 '선험$^{a\ priori}$'이다. 그리고 선험성을 띤 것을 '선험적인 것'이라고 한다. 이전에는 '선천적'이라고 번역하기도 했다. 'a priori'는 'a posteriori'와 항상 대별되는 것이었다. 전통적으로 논리학의 가언명제, 즉 'p이면 q다'(p와 q는 각각 정언명제, 즉 'S는 P다' (S와 P는 개념))라는 형식에서 전건인 p를 후건인 q에 대해 'a priori'라고 하고 후건인 q를 전건인 p에 대해 'a posteriori'하다고 한 것이다. 그러니까 'a posteriori'는 'a priori'를 바탕으로 해서 성립하는 것으로 된다. 이를 경험에 적용하게 되면, 'a priori'는 경험을 하기 전부터 성립해 있는 것이고, 'a postoriori'는 경험을 통해 비로소 성립하는 것이다. 그런 점에서 'a posteriori'는 '후험적^{後驗的}'이라 새길 수 있다.

경험 가능성과 관련해서 선험에 새로운 의미를 부가한 인물이 칸트다. 이래저래 칸트는 서양철학사에서 대단히 중요한 인물이다. 칸트는 감각적인 경험을 통해 외부 세계를 인식하는 우리의 인식능력들로 감성과 상상력 그리고 지성을 말한다. 이들 인식능력들이 외부 세계와 접촉할 때 로크의 '흰 종이'처럼 아무 장치 없이 접촉하지 않는다는 것이 칸트의 생각이다. 칸트에 따르면 외부 세계를 경험적으로 인식할 때 우리의 인식능력들이 이미 구비하고 있는 장치들이 있다고 한다. 감성은 순수한 형식들을 미리 갖추고 있고, 상상력은 도식圖式들을 미리 갖추고 있고, 지성은 범주들과 원칙들을 미리 갖추고 있다는 것이다. 이때 '외부 세계와 접촉하기 전에' 미리 갖추고 있는 것들의 존재 방식을 일컬어 '선험적'이라고 한 것이다. 그래서 칸트의 경우 '선험적인 것'은 대체로 '순수한reine'이라는 관형어와 붙어 다닌다. 이때 순수하다는 것은 경험에서 얻은 것이 아니라는 뜻을 지니고 있다. 말하자면 경험에 의해 오염되지 않았다는 것이다.

그런데 이 '순수 선험적인' 형식들과 도식들 및 범주들과 원칙들은 외부 세계와의 접촉, 즉 경험에서부터 생겨난 것이 아니지만 동시에 외부 세계와의 접촉, 즉 경험을 가능하게 하는 근본원리가 된다는 것이 칸트의 생각이다. 그러면서 외부 세계와의 접촉에서 맨 처음 주어지는 것은 오로지 "잡다한 감각 자료" 밖에 없다고 말한다. 그러니까 예컨대 '이 분필은 희고 딱딱하고 원통형'이라는 판단으로 이어지는바 논리적으로 질서 잡힌 경험이 이루어지기 위해서는 그런 논리적인 질서를 가능하게 하는 인식능력의 선험적인 형식들과 도식들 및 범주들과 원칙들이 부가되어야 한다는 것이다. 그래서 그는 경험의 대상, 예컨대 서술의 대상이 되는 '이 분필'이 성립하는 것은 인식능력의 선험적인 힘들에 의거한다고 여긴다. 말하자면 의식 내재적인 순수 선험적 형식들이 바깥으로 나가 들러붙음으로써 초월적인 외적 대상이 성립한다고 여긴다. 이런 칸트의 인식론을 일컬어 구성주의라고 한다.

그리고 보면 칸트로서는 인식능력들이 미리 구비하고 있는 순수 선험적인 것들에 대해 이른바 철학적인 분석을 하지 않을 수 없다. 이 분석은 달리 말하면 철학적인 인식이 될 것이다. 칸트가 그 유명한 《순수이성비판》에 담아낸 내용이 바로 이런 철학적 인식이다. 그런데 그렇게 순수 선험적인 것들에 대한 인식을 칸트는 '초월론적⁽독⁾transzendental'이라고 말한다. 이 '초월론적인 인식'은 '경험적인 인식'과 한껏 대비된다. 경험적인 인식이 어떻게 가능한가를 그 선험적인 차원에서 분석·검토해나가는바 '경험적인 인식에 대한 초월론적

<small>어떻게 구비되었는가에 대한 발생적인 이야기는 하지 않는다</small>

인 인식'이기 때문이다. 이런 방식의 인식을 한편으로 메타적인 인식이라 부르기도 한다.

그런데 초월론적이라는 관형어는 '선험적인 형식들, 도식들, 범주들 및 원칙들'에 그대로 전용된다. 그래서 '초월론적인 형식들, 도식들, 범주들 및 원칙들'이 된다. 예컨대 칸트는 감성의 선험적, 초월론적인 형식으로 시간과 공간을 제시하는데, 이는 시간과 공간이 경험적으로 주어지는 실재의 내용이 아니라 인간의 인식능력에 미리 구비되어 있는 틀이라는 뜻을 갖는다. 중요한 것은 초월론적인이라는 말이 '선험적인 것으로서 경험을 가능하게 하는'이라는 뜻을 지닌다는 것이다. 그러니까 '초월론적인 것'은 항상 내재적인 상태에서 초월적인 상태로 전환되어야만 제대로 의미 있게 성립하고, 또 그럼으로써만 힘을 발휘한다고 할 것이다.

참고로 부기할 내용이 하나 있다. 그것은 'transzendental'트란스첸덴탈'을 그냥 '초월적'이라고 번역하기도 한다는 것이다. 그런데 '초월적'이라고 번역하면 'tranzendent'트란첸덴트'와 완전히 혼동되기 때문에, 그리고 'transzendental'이라는 용어가 워낙 인식론적인 구도 내에서 생겨난 것이기 때문에 '초월론적'이라고 옮기는 것이 좋다고 생각한다.

그런데 이 '초월론적'이라는 말의 뜻이 칸트적인 의미로만 쓰이는 것은 결코 아니다. 현대 철학 특히 후설의 현상학이 등장하고 이를 원용한 메를로퐁티의 몸 현상학이 등장하면서 이 말은 여러 모로 다르게 쓰인다. 예컨대 메를로퐁티는 '실질적 선험a priori matériel'이라는 말을 한다. 이때 '실질적'이라는 수식어는 칸트가 말하는 '순수한'이라는 수식어와 한껏 대립된다. 실질적이라는 것은 경험을 통해 성립한다는 뜻을 갖기 때문이다. 메를로퐁티가 말하는 실질적 선험이란 바로 몸틀 혹은 몸틀의 작동인 습관이다. 어떤 몸틀 혹은 습관을 가졌는가에 따라 실제 경험이 다르게 이루어진다는 것이 메를로퐁티의 생각이다. 말하자면 메를로퐁티는 경험을 통해 계속 새롭게 틀 지어지는 몸을 '초월론적인 것the transcendental'의 근원으로 본 것이다. 메를로퐁티는 칸트와는 달리 경험의 가능성을 분석한 셈이다. 그럼으로써 그는 근대 철학의 완성자인 칸트를 넘어서서 새로운 철학의 경지를 열었다.

메를로퐁티의 몸 철학에 의하면 우리의 인생을 사는 데 있어서 정작 신경을 써서 바꾸어야 할 것은 정신이 아니라 몸이다. 몸은 운동과 감각을 두 축으로 해서 활동한다. 몸을 바꾼다는 것은 운동 방식과 감각 방식을 바꾼다는 것이고 이것들의 변화는 결국 삶의 의미와 가치를 다르게 획득한다는 것이다. 몸 활동의 연속이 곧 인생이라고 할 때, 그리고 어떤 의미와 가치를 창출하는가에 따라 인생이 달라진다고 할 때 몸을 바꾸는 것이야말로 중요하다. 대학교수직을 중간에 관두고 변산반도에 내려가서 농사를 중심으로 실험학교를 운영하는 윤구병 선생은 "몸 가는 데 마음 간다"는 말을 한 적이 있다. 몸을 어디에서 어떻게 왜 움직이는가가 인생의 바탕이 된다는 말이다. 그런데 몸을 바꾸기 위해서는 오랜 시간에 걸친 훈련이 필요하다. 태릉선수촌에 있는 국가대표들만 열심히 훈련해야 하는 것이 아니다. 우리 모두 열심히 훈련해야 한다. 다만 어디에서 어떻게 왜 무엇을 위해 훈련을 해야 하는가가 중요한데, 그저 살다 보니 그렇게 나도 모르게 어쩔 수 없이 훈련하고 있더라 하는 식이 되면 바람직한 훈련 과정이 될 수 없다. 단 한번 주어진 인생이니만큼 가능하면 어릴 때부터 자신의 삶에 대한 성찰을 통해 그런 훈련 과정의 방향과 내용을 결정해야 한다.

의식

  몸이 삶, 특히 경험의 바탕이 된다 할지라도 의식^{consciousness}을 도외시할 수는 없다. 의식이 무엇인가 하는 문제에는 접근조차 어렵다. 정신분석학에서 말하는 무의식^{unconsciousness}이 도사리고 있기 때문만은 아니다. 철학에서도 이와 비슷한 성격의 의식을 제시한다. 비반성적인$^{non\text{-}reflexive}$ 의식 또는 선반성적인$^{pre\text{-}reflexive}$ 의식 또는 비정립적인$^{non\text{-}positional}$ 의식 또는 체화된^{embodied} 의식 또는 지평^{horizontal} 의식을 말하는데, 정신분석학에서 말하는 무의식은 워낙 특별한 의식이기 때문에 일반적이지 않은 데 비해 철학에서 말하는 이들 의식은 일반적이어서 어느 누구도 피해 갈 수 없다. 게다가 철학에서는 초월론적 의식이라든가 순수^{pure} 의식 또는 절대^{absolute} 의식 등 이해하기 쉽지 않은 개념들을 예사로 제시한다. 그렇기 때문에 의식이 무엇인가에 접근하는 것조차 어렵다고 말하는 것이다.

  하지만 이 모든 종류의 의식들에서 그 공통된 본질을 찾을 수 있다. 이를 잘 드러내는 개념이 바로 후설의 지향성^{intentionality} 개념이다. 후설은 "의식은 항상 무엇인가에 대한 의식이다"라는 유명한 명제를 제시했다. 간단히 말하면 의식은 그 자체만으로 존립할 수 없고 오로지 대상에 대한 의식만으로 존립한다는 것이다. 의식 작용과 의식 대상 간에 떼려야 뗄 수 없는 필연적인 상관관계가 있다는 것이다.

후설이 제시한 의식의 지향성은 고대 철학에서부터 데카르트에 이르기까지 예사로 전제되어온 의식의 실체성, 즉 의식은 의식 대상과 무관하게 그 자체로 홀로 존재할 수 있다는 생각을 파기한다. 이는 물론 칸트가 '실체' 개념 자체를 지성의 범주로 여기면서 가장 근본적인 의식으로서 '초월론적인 통각$^{transzendentale\ Apperzeption}$'을 제시한 데서 이미 선취되어 있었다. 그러니까 후설의 지향성 개념에 의거해서 보면 칸트의 초월론적인 통각은 현상계 전체를 대상으로 삼아 지향적인 관계를 맺고 있다고 해야 한다.

그런데 후설의 현상학에 크게 영향을 받은 메를로퐁티는 인식에서 몸-주체의 근본성을 내세운다. 이에 따르면 순수 의식, 절대 의식, 초월론적 의식 등은 성립할 수 없고 오로지 체화된 의식만이 현존할 수 있다. 전자의 의식들은 데카르트가 제시한 '반성적인 코기토', 즉 '생각을 생각하는 생각'이라고 하는 인식 일변도의 사태를 중시해서 그 자체로 독립시킴으로써 성립된다. 반면 메를로퐁티가 말하는 체화된 의식은 근본적으로 몸에서 임시로 발현했다가 다시 몸으로 돌아가는 것이다. 이런 메를로퐁티의 입장은 의식이 근원적으로 선반성적인 의식임을 주장한 사르트르의 입장을 더욱 근본적으로 가져간 것이라 할 수 있다.

어떻든 간에 의식이란 근본적으로는 대상을 향해 있는 것이지 자기 자신을 향해 있는 것은 결코 아니라는 것, 의식이 자기 자신을 향한다 할지라도 그때 자기 자신을 향한 의식 자체는 그저 작용일 뿐, 아무런 내용이 없다는 것만은 분명하다. 그렇기 때문에 의식을 실체라고 할 수 있는 길이 전혀 없는 셈이다. 의식을 실체라고 할 수 없다는 것은 정신이니 영혼이니 하는 것들조차도 의식과 마찬가지로 다른 무엇인가에 의존해서 성립할 수밖에 없는 파생적이고 기생적인 것이라는 의미다.

몸과 의식의 대결, 둘 중 어느 것이 더 근본적으로 존재하는 것일까? 이 문제는 그야말로 인생의 의미와 가치를 결정하는 핵심적인 문제다. 몸을 중시하게 되면 감각과 운동을 중시하면서 삶을 최대한 감각적으로 향유하고자 하는 태도를 지니게 된다. 의식을 중시하게 되면 지식과 명상을 중시하면서 감각과 운동을 기본으로 하는 현실의 삶을 무시할 가능성이 높아진다. 더욱이 실체로서 불멸한다고 여겨지는 영혼을 의식의 근원으로 상정하게 되면 현실 세계보다 초월적인 내세를 중시하게 된다. 삶에 있어서 몸과 의식 중 어느 것이 더 근본적이고, 어느 것이 목적이 되고, 어느 것이 수단이 되는가를 분석하는 철학적인 반성이 왜 중요한가가 여실히 드러난다.

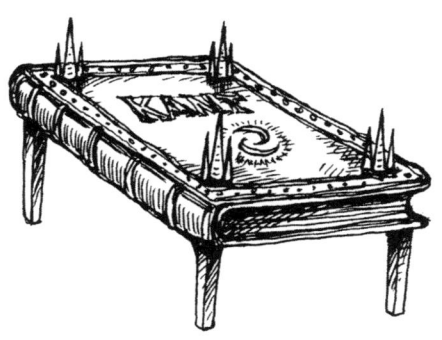

실질적 선험성

앞서 잠시 말했지만 메를로퐁티가 말하는 몸-주체는 대단히 혁신적이다. 메를로퐁티가 몸-주체를 내세우면서 제시한 중요한 개념 중 하나가 앞서 잠시 말한 '실질적 선험⟨불⟩a priori matériel, ⟨영⟩material a priori'이다. 이를 더욱 구체적으로 살펴보자.

메를로퐁티의 실질적 선험은 경험을 통해 형성되면서도 이후에 이루어지는 경험에 대해 나름의 규정 역할을 한다. '실질적'이라는 것은 경험을 통해 형성된다는 것이고 '선험'이라는 것은 경험에 대해 규정 역할을 한다는 것이다. 메를로퐁티는 실질적 선험을 달리 '감각 운동적 선험a priori sensori-moteur'이라고도 한다.

몸은 항상 운동을 한다. 운동을 하면서 항상 감각한다. 살아 있는 몸은 운동과 감각을 동시에 이미 늘 수행한다. 몸의 활동에 있어서 운동 없는 감각은 없고, 감각 없는 운동은 없다. 항상 동시적이다. 보기 위해서는 고개와 눈동자를 돌려야 하고, 고개와 눈동자를 돌릴 때 그 돌림에 대한 감각이 주어진다. 이는 말초신경이 감각신경과 운동신경으로 나뉘어 있지만 신경 활동이란 항상 동시적으로, 조금 어렵게 말하면 수직적이지 않고 수평적으로 이루어진다는 의미다.

그런데 몸의 운동과 감각은 아무렇게나 이루어지는 것이 결코 아니다. 몸의 운동과 감각은 주어지는 상황에 따라 최대한 적절하게 적응하는 방식으로 이루어진다. 그것은 몸의 운동과 감각이 그 나름으로 일정한 구조적인 형태를 띠고 있다는 말이다. 몸이 그 구조적인 형태를 경험을 통해 익힌다는 것이고, 메를로퐁티는 이를 몸이 구조화된다고도 하고 형태화된다고도 한다. 이를 가장 정교하게 만든 개념이 앞서 '습관'을 살펴볼 때 잠시 이야기했던 몸틀이다. 예컨대 자전거를 탈 수 있는 몸틀도 있고 말을 잘할 수 있는 몸틀도 있는 셈이다. 인간이 활용하는 모든 도구마다 그에 상응하는 몸틀이 있다고 보면 된다. 그만큼 몸틀은 종류가 많다.

결국 메를로퐁티가 말하는 실질적 선험은 몸틀로 귀착된다. 몸틀이 어떤가에 따라 사람마다 상황에 대해 적응하는 방식이 다르고, 그에 따라 경험하는 방식도 달라진다는 것이다. 매일 등산을 즐기는 사람이 도심을 걸어가면서 경험하는 것과 등산을 전혀 해본 적이 없는 사람이 도심을 걸어가면서 경험하는 것은 사뭇 다를 것이다. 다소 어려운 이야기를 한 가지 덧붙이면 '실질적 선험으로서의 몸틀'은 인식이 존재에서부터 발원해서

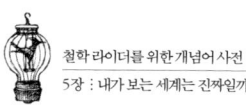

존재로 회귀함을 나타낸다고 할 수 있다.

한 인간의 삶은 몸틀들이 어느 정도로 다양하게 그리고 어느 정도로 깊이 숙달해 있는가에 따라 결정된다. 모든 생각과 의식은 바로 이런 몸틀들을 더 효과적으로 더 깊이 있게 가지기 위한 수단이고 매개 과정이다. 어떤 몸틀을 갖추게 되면 거의 생각 없이도 그 몸틀과 관련되는 상황에 대처할 수 있다. 나도 모르게 내 몸이 알아서 저절로 그 상황에 재빠르게 대처하기 때문이다. 모든 도구의 숙달된 사용을 생각하면 이를 쉽게 알 수 있다. 말하자면 우리는 생각하기 위해 생각하는 것이 아니다. 그 반대로 앞으로 더 이상 똑같은 생각을 하지 않기 위해 생각하는 것이다.

그런데 묘하게도 인간은 알게 모르게 매 순간 생각을 한다. 매 순간 닥치는 상황들이 그동안 획득해온 몸틀만으로는 100퍼센트 대처할 수 없을 정도로 복잡하기 때문이다. 그런데 그렇게 상황이 복잡한 것은 인간 존재 자체가 복잡하기 때문이다. 인간 존재 자체가 복잡하다는 것은 바로 인간의 몸이 복잡하다는 뜻이다. 복잡하기 이를 데 없는 인간의 몸이 복잡하기 이를 데 없는 상황을 만나게 되면 반드시 틈이 있을 수밖에 없고 그 틈을 더욱더 효과적으로 메우기 위해 생각을 하지 않을 수 없는 것이다. 인생에서 틈이 생기는 만큼 생각을 해야 하고, 또 틈이 메워지는 만큼 생각을 해서는 안 되는 것이다. 새로운 틈을 메우면 그만큼 새로운 의미와 가치를 얻게 된다. 그러고 보면 인생이란 한편으로는 틈이 없는 상황을 찾아 안정을 취하는 동시에 다른 한편으로는 틈이 제공되는 상황을 찾아 생각을 하고 행동을 함으로써 새로운 의미와 가치를 실현하고자 하는 과정이라 할 수 있다. 나와의 관계에서 틈이 많은 상황을 무조건 피하려고 한다면 새로운 삶을 살 수 없다. 그렇기 때문에 "인생은 도전"이라는 말을 하는 것이리라.

형식·내용

 형식과 내용은 문학에서도 많이 이야기되고 예술에서도 많이 이야기된다. 더욱이 요즘 디지털 및 컴퓨터 시대가 도래하면서 "문제는 콘텐츠다"라는 말도 나오고, 심지어 대학에 '문화콘텐츠학과'가 생기기도 했다. 말하자면 각종 디지털 및 컴퓨터 기술을 통해 내용을 담아낼 수 있는 장치들tools은 충분히 마련되어 있으니 그 장치들을 이용해 담아낼 내용을 개발하는 것이 중요하다는 것이다. 이때 장치들을 달리 형식이라 할 수도 있을 것이다.

 형식이란 말의 어원은 두 가지로 볼 수 있다. 하나는 형상形相이라 번역되는 'eidos에이도스'이고 다른 하나는 형型 혹은 형태形態 혹은 형상形狀이라 번역되는 'morphe모르페'다. 모르페는 하나의 사물이 생겨먹은 꼴을 말한다. 그런데 이 꼴이 어떠냐에 따라 그 꼴에 담기는 내용이 결정된다는 측면을 중시하게 되면 에이도스가 된다. 사물마다 자신에 상응하는 나름의 에이도스를 갖는다고 하고, 또 그 에이도스에 의해 그 사물의 정체가 본질적으로 결정된다고 한다. 사물의 정체가 그렇게 본질적으로 결정될 때 겉으로 드러나는 그 사물의 모습이 바로 모르페다. 그러고 보면 실제로는 모르페에 의해 에이도스가 드러난다고 해야 하지만 원리적으로는 에이도스에 의해 모르페가 결정된다고 해야 한다.

내용contents이라는 말은 본래 '함께 지니다'라는 뜻이다. 그러니까 어느 것이 단 하나의 균일한 본성만을 지닐 때 그 내용을 따지는 것은 다소 어색하다. 여러 본성을 지닐 때 그 본성들이 어울려서 내용을 형성하기 때문이다. 이때 내용을 형성하는 여러 본성을 어떤 방식으로 배치하는가를 결정하는 것이 형식이다. 그 배치 방식에 따라 다른 내용이 구성된다. 흙, 물, 공기, 불과 같은 각기 하나의 본성을 지닌 네 원소가 있다고 할 때 그 네 원소들이 어떤 비율과 방식으로 배치되어 하나의 통일된 사물을 구성하는가에 따라 그 사물의 내용, 즉 정체가 달라진다.

이렇게 보면 내용이라는 말은 현실적으로 현존하는 것들에 대해서만 적용할 수 있는 개념인 것 같다. 플라톤이 말하는 이데아, 예컨대 책상의 이데아에 대해 그 이데아의 내용이 무엇인가를 묻는 것은 개념상 말이 안 된다는 이야기다. 책상의 이데아는 현실 속에 존재하는 실재의 구체적인 하나의 사물을 '책상'이라고 부를 수 있게 하는 원리, 즉 그 사물을 구성하고 있는 여러 본성을 비율적으로 잘 배치해서 책상이 되게 하는 배치 방식의 원칙을 일컫는다고 해야 한다. 그럴 때 그 사물의 본질적인 내용이 바로 책상이 되는 것이다.

그러고 보면 형식과 내용을 뚜렷하게 구분하는 것이 쉬운 일은 아니고, 심지어 함부로 구분해서도 안 되는 것임을 알 수 있다. 형식을 제대로 갖춘다는 것은 구현하고자 하는 내용을 실현하기 위해 여러 본성을 최대한 적절한 비율로 잘 배치해서 통일시키는 것이다. 예컨대 글의 형식을 잘 갖춘다는 것은 그저 외관상 '서론-본론-결론' 혹은 '기-승-전-결'의 형태만을 갖춘다는 뜻이 결코 아니다. 쓰고자 하는 글을 이루는 부분들의 본성들을 잘 헤아려서 궁극적으로 표현하고자 하는 글의 내용을 기준으로 그 본성들을 적절한 비율에 따라 잘 배치하는 것이다.

주어진 형식에 내용을 맞춘다는 것은 본말이 전도된 것이라 할 수 있다. 실현하고자 하는 내용을 염두에 두고서 그에 맞는 형식을 개발해 적용하는 것이 올바른 순서다. 내용은 현실에 현존하는 사물들 속에서만 성립한다고 했다. 따라서 내용에 따라 형식을 개발한다는 것은 현존을 바탕으로 해서 본질을 개발해 내는 것이라 할 수 있다. 그러나 여기에서 형식은 실현하고자 하는 내용에 있어서 필수적인 것이 아닐 수 없기에, 한편으로는 하나의 내용을 바로 그 내용이게 하는 규정 역할을 하는 것이 바로 형식이라 할 수 있다.

문제는 이런 형식들이 내용과 무관하게 본래부터 따로 존재한다고 여기는 것이다. 플라톤의 이데아 이론이 그렇다. 칸트가 말한 순수 선험적 형식들도 이에 해당한다. 둘 다 일종의 본질주의에 해당한다. 특히 메를로퐁티가 말하는 실질적 선험에 비추어보면 칸트가 순수 선험적인 형식들을 내세운 것은 일종의 본질주의라 할 수 있다. 매사에 형식을 따지지 않을 수 없는 것은 형식 자체가 가치를 띠고 있기 때문이 아니라 형식을 제대로 갖추지 않은 경우 실현하고자 하는 내용이 그만큼 훼손될 수밖에 없기 때문이다. 궁극적으로 가치를 갖는 것은 내용이다. 그런 까닭에 내용을 제대로 갖추고 있지 않으면서 겉으로 드러난 겉모양^{모르페}으로서의 형식만을 중시하는 사람들을 비난하는 것이다. "빛 좋은 개살구"라는 속담이 그냥 나온 것이 아니다.

하지만 진정으로 내용의 가치를 중시하는 사람들은 그 내용을 실현하는 데 반드시 필요한 형상^{에이도스}으로서의 형식을 결코 무시하지 않는다. 하나의 사물, 하나의 일, 하나의 인생 등이 제대로 가치를 지닌 내용으로서 현존한다고 할 때 거기에는 내용과 형식의 완전한 일치가 이루어져 있다고 해야 하고, 그 중심이자 바탕은 내용이라고 해야 한다.

이를 바탕으로 니체가 말하는 예술론을 분석할 수 있다. 니체

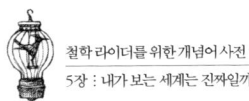

는 예술이 디오니소스적인 감각적 내용을 원천으로 해서 아폴론적인 형식에 따라 구성된 것이라고 말한다. 그러면서 디오니소스는 도취의 신이고 아폴론은 꿈의 신이라고 말한다. 강렬한 전 우주적인 감각에 의해 도취되면 쓰러져 잠을 자게 되고, 잠을 자면서 꿈을 꾸게 되고, 꿈을 통해 아름답고 장려하기 그지없는 형상을 보게 되고, 깨어나 꿈에서 본 형상을 실제로 작품으로 만들게 되면 예술 작품이 이루어진다고 말한다. 이때 어느 정도로 강렬하게 감각에 도취되었는가에 따라 꿈에서 보는 형상이 다르다. 결국 전 우주적인 감각의 힘이 인간을 통해 예술 작품으로 실현된 것이 예술인 셈이다.

이에 니체는 진정한 예술의 경지에서는 예술가가 예술 작품을 만드는 것이 아니라 반대로 예술가가 예술 작품이 된다고 말한다. 예술이 인간의 작품이 아니라 인간이 예술에 의한 작품이라는 이야기다. 니체는 루 살로메Lou Andreas-Salomé, 1861~1937와 연인이었다. 이 루 살로메가 또 다른 연인으로 사랑했던 위대한 독일의 서정시인 릴케Rainer Maria Rilke, 1875~1926는 《말테의 수기Die Aufzeichnungen des Malte Lauids Brigge》에서 "시는 쓰는 것이 아니라 기다리는 것"이라는 유명한 말을 남겼다. 예술은 근본적으로 감각적인 내용이고 차라리 인간이 예술의 형식인 셈이다.

구성

'초월론 철학 transcendental philosophy'이라는 말이 있다. 그 대표적인 것이 칸트의 철학과 후설의 철학이다. 이 두 사람 모두 구성⁽독⁾Konstruktion/Konstitution, ⁽영⁾construction이라는 말을 쓴다. 그 핵심은 우리가 실제로 경험하고 있는 이 세계를, 이 세계를 경험하는 의식이 그 바탕에서부터 구성해낸다는 것이다. 구성되어 나온 세계를 칸트는 현상계 Phenomena라고 했고 후설은 생활세계 Lebenswelt라고 했다. 거기에는 현상계 혹은 생활세계를 형성하고 있는 여러 방식으로 경험되는 사물들 역시 그 사물을 경험하는 의식이 그 바탕에서부터 구성해낸다는 것이 포함되어 있다.

사물을 구성한다거나 세계를 구성한다는 것이 도대체 무슨 말일까? 만약 사물을 경험할 때 경험하는 의식이 경험과 무관한 '사물 자체'가 아니라 '경험되는 사물 자체'를 구성한다는 말이라면 왠지 어느 정도 인정하지 않을 수 없는 것 아닌가? 흔히 말하듯이 바퀴벌레가 경험하는 세계와 인간이 경험하는 세계가 같을 수는 없다. 혹은 신이 바라보는 세계와 인간이 바라보는 세계가 같을 수는 없다. 인간들 간에도 어린이가 경험하는 세계와 어른이 경험하는 세계가 다를 것이고, 정신분열증자가 경험하는 세계와 편집증자가 경험하는 세계가 다를 것이고, 한국인이 경험하는 세계와 미국인이 경험하는 세계가 다를 것이다.

'경험하는 세계가 다르다'는 것을 일반화시켜서 생각할 수도 있다. 그렇다면 도대체 인간이 오로지 인간으로서 경험하는 세계는 그 근본 구조에 있어서 어떻게 달리 드러나는 것일까 하는 물음을 던질 수 있다는 이야기다. 비유적으로 말하면 붉은 셀로판지를 쓰고 보면 세상이 붉게 보이고 푸른 셀로판지를 쓰고 보면 세상이 푸르게 보이듯이 '인간이라는 셀로판지'를 쓰고보면 세상이 '인간적으로' 보이는 것이 아니겠는가 하는 물음을 던질 수 있다는 이야기다.

그럴 때 '인간이라는 셀로판지'는 인간에게 경험되지 않을 것이다. 붉은 셀로판지를 쓰고 세상을 볼 때 붉은 셀로판지 자체는 경험되지 않듯이. 칸트가 《순수이성비판》을 통해 논리적으로 분석해내고자 했던 문제가 바로 '인간이라는 셀로판지'가 어떻게 생겨먹었는가 하는 것이었고, 그에 대한 분석적인 인식을 통칭해서 이른바 '초월론적인 인식'이라 불렀던 것이다. 문제는 이 '인간이라는 셀로판지'를 태어날 때부터 붙이고서 죽을 때까지 떼어낼 수 없다는 것이고, 따라서 이 '인간이라는 셀로판지'를 완전히 떼어내고 보는 세계가 과연 어떤 세계일까를 도대체 알 길이 없다는 것이다. 인식론적인 운명이 아닐 수 없다. 요컨대 우리가 경험해서 알고 있는 이 세계는 '인간이라는 셀로판지'에 의해 '물들여져' 구성된 뒤에 비로소 그렇게 경험된다는 것이다.

그런데 '인간이라는 셀로판지'가 어느 정도 구성의 위력을 발휘하느냐가 궁금하다. 붉은 셀로판지처럼 그저 전체적으로 붉은빛을 물들이는 정도라면 그 붉은빛을 제외한 모든 내용은 구성되는 것이 아니다. 그런데 칸트는 양, 질, 관계, 양상과 관련되는 모든 고급한 질서들뿐만 아니라 심지어 공간과 시간이라는 아주 기본적인 질서마저도 '인간이라는 셀로판지'에 아예 처음부터 구조화되어 있다고 말한다. 말하자면 '공간이라는 셀로판지'를 쓰고 보니까 세상에 존재하는 모든 것이 공간을 차지하면서 다른 것들과 공간적인 관계를 맺는 것으로 경험된다는 것이다. '시간이라는 셀로판지'도 마찬가지 역할을 한다고 한다. 이쯤 되면 칸트가 말하는 구성은 너무나 강력한 것 같다.

그런데 후설은 선구성^{先構成, 〈독〉Vorkonstitution, 〈영〉pre-constitution}이라는 개념을 제시한다. 세계를 경험할 때 경험되는 세계가 오로지 의식에 의해 구성되는 것이 아니라 의식이 개입하기 전에 이미 어느 정도 제 스스로 질서를 갖추고서 주어진다는 것이다. 그리고 그렇

게 어느 정도 질서를 갖춘 상태에서 의식이 적극적으로 개입해 복잡 미묘한 의미들을 부여함으로써 그 의미와 가치에 있어서 복잡다단한 세계가 구성된다는 것이다. 문제는 세계가 선구성되어 들어올 때 이를 받아들이는 일차적인 의식은 그저 거울과 같이 전적으로 수동적이냐 하는 것이다. 사실 후설은 이런 선구성을 수동적 구성이라고 부르기도 한다. 그런데 이 수동적 구성은 '수동적 종합$^{passive\ synthesis}$'이라고 하는 의식의 수동적인 개입 없이는 성립할 수 없다. 이때 '수동적'이라는 것은 의식의 활동이 이루어지기는 하되 그 자신의 활동 여부를 의식이 근본적으로 알 수 없다는 것이고, 따라서 수동적인 의식 활동은 원리상 의식이 자신도 모르게 수행할 수밖에 없다는 것이다.

후설의 선구성 이론은 대단히 흥미롭다. 근원적으로 의식이 어찌할 수도 없고 알 수도 없다는 것은 의식 활동이 근원적으로 존재에 뿌리를 내리고 있음을 말해준다고 볼 수 있기 때문이다. 모든 인식이 결국 이런 근원적인 수동적 의식에 기반을 두고 있는 것이고, 이 수동적 의식이 근원적으로 존재에 뿌리를 내리고 있다고 할 때 모든 인식 활동은 궁극적으로 존재 자체가 하는 일이라 할 수 있다. 존재가 스스로에게서 인식 활동을 일으켜 그 인식 활동을 통해 스스로를 그 인식에 조응되도록 변형해서 경험되게 한다는 이야기다. 여기에서 '존재'를 슬그머니 '세계'

로 바꾸면 왜 이런 이야기가 흥미로운가를 알게 될 것이다. 세계가 인간적인 인식을 일으켜 그 인간적인 인식을 통해 적어도 인간에게만큼은 그렇게 인간적인 방식으로 변형^{구성}되어 드러나게 한다는 이야기가 된다.

덧붙일 것은 제대로 사유를 전개하는 철학자라면 그 정도나 방식은 다를지라도 결국에는 이 구성 문제로부터 자유로울 수 없다는 것이다. 만약 존재 자체가 그렇게 강요한다고 보면 어쩔 수 없는 것이다. 따라서 구성은 반드시 '관념론적인 구성'만 있는 것이 아니라 '유물론적인 구성'도 가능하다.

흔히 자연주의와 구성주의를 대비시켜 말한다. 자연주의는 우리가 경험하는 내용이 본성상 자연에 있는 그대로의 것이라고 여긴다면, 우리가 경험하는 내용이 본성상 자연을 넘어서서 우리 인간에 의해 구성되는 것이라고 여기면 구성주의가 된다. 예컨대 페미니즘^{feminism}이라는 외래어로 주로 불리는 여성주의에 있어서 남녀 성의 구분이 자연적인 것인가, 아니면 사회 구성적인 것인가는 대단히 중요하다. 특히 사회적인 남녀의 성 역할을 둘러싸고서 이런 논쟁이 벌어진다. 그 결과 자연적인 성인 'sex'와 구분해서 사회적인 성 역할에 대해 'gender'라는 말을 발굴해서 사용한다. 이는 철학적인 인식론의 구성에 관한 이론을 사회 역사적인 문제에 전용함으로써 어떤 이론적, 실천적 효과를 내는가를 말해준다. 자연과 문화의 대비에 있어서도 자연은 일차적인 문화이고 문화는 이차적인 자연이라고 말한다면 자연마저도 일정하게 사회 역사적으로 구성될 수밖에 없다는 생각이 들어 있는 것이다. 구성주의에 의거해서 보면 순수한 자연이란 성립할 수 없기 때문이다.

흥미로운 것은 자연 자체가 본래부터 인간으로 하여금 혹은 사회 역사로 하여금 그렇게 구성을 수행할 수밖에 없게 한다면 어떻게 되는가 하는 점이다. 그렇게 되면 자연이 하는 일이 구성인 셈이고, 따라서 구성주의는 완전히 다른 의미의 자연주의가 될 것이다. 만약 이 자연을 신으로 치환하게 되면 신이 인간의 구성 활동을 미리 정해놓은 것이 되고, 만약 이 자연을 가장 넓은 의미의 물질로 보게 되면 물질이 근본적으로 물질로 된 인간의 구성 활동을 미리 정해놓은 것이 된다. 어느 쪽을 선택할 것인가? 그 선택에 따른 결과는 어떻게 달라질 것인가? 각자가 심중하게 생각해보아야 할 일이다.

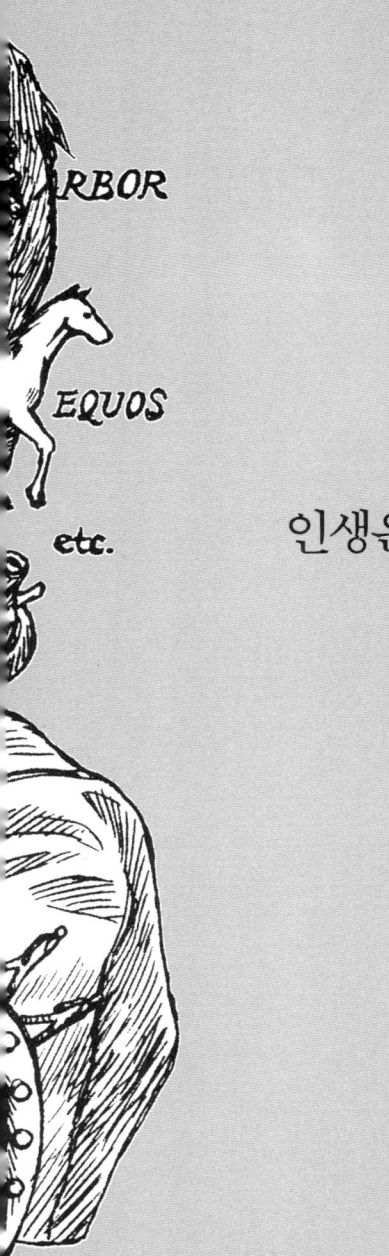

{ 6장 }

인생은 역설이다

|언어 편|

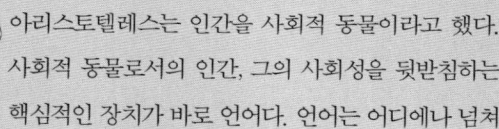
아리스토텔레스는 인간을 사회적 동물이라고 했다. 사회적 동물로서의 인간, 그의 사회성을 뒷받침하는 핵심적인 장치가 바로 언어다. 언어는 어디에나 넘쳐난다. 온라인상에도 오프라인상에도. 그래서 우리는 늘 소통의 문제를 고민하지만 내가 쓰는 언어와 네가 쓰는 언어가 다르다면 소통은 늘 불통일 수밖에 없다.

판단

사유의 판면에서만 볼 때 판단^{judgement}은 사유의 귀결 내지는 목적이라 할 수 있다. 그리고 판단은 두 방향으로 연결된다. 언어로의 방향과 행동으로의 방향이 그것이다. 넓게 보면 언어활동도 일종의 행동이라 할 수 있다. 하지만 두 방향을 일정하게 구분하는 것이 필요하다. 판단은 기본적으로 행동 차원에서 이루어진다. 그리고 필요에 따라 판단을 언어로 표현해서 다른 사람과의 소통을 기하는 것이다. 인간의 삶이 다른 사람들과의 소통 없이는 성립할 수 없다고 할 때 행동 차원에서의 판단과 언어 차원에서의 판단은 동시적이라고 해야 한다.

판단의 성격을 가늠하는 데는 크게 두 가지 요인이 개입된다. 하나는 판단하는 자의 관심이고 다른 하나는 판단되는 대상이다.

대상에 대해 판단한다는 것은 그 대상이 어떤가를 식별하는 것이다. 판단의 대상이 어떤가를 식별할 때 판단 주체의 관심이 개입되지 않을 수 없다. 주체의 관심에 따라 사실판단이 성립할 수도 있고 가치판단이 성립할 수도 있다. 사실판단은 판단하는 주체의 욕구나 욕망과는 최대한 무관하게 판단 대상 자체가 어떤가를 객관적으로 식별하는 것이다. 그리고 가치판단은 판단 대상이 주체의 욕구와 욕망을 충족하는 데 관련된 내용들을 중심으로 해서 그 대상이 어떤가를 식별하는 것이다.

대상이 개별적인 경우에는 개별 판단이라 할 수 있고 보편적인 경우에는 보편 판단이라 할 수 있다. '이 분필은 잘 부러진다'라는 판단은 전자의 경우이고 '모든 인간은 충동적이다'라고 하면 후자의 경우다.

흥미로우면서도 중요한 것은 어떤 특정한 하나의 대상에 대해 판단할 때 그 외 다른 대상들에 대한 판단은 일단 유보한다는 사실이다. 판단을 내려야 하는 상황은 대단히 복합적이다. 더욱이 그 상황을 에워싸고 있는 지평까지 고려하면 더욱더 복합적이다. 그 복잡한 상황에서 판단을 해야 하는 대상을 일정하게 잘라내지 않고는 판단이 이루어질 수 없다. 개별적인 판단도 그렇고 보편적인 판단도 마찬가지다. 그래야만 판단의 주어가 제대로 성립한다.

상황으로부터 일정하게 대상을 잘라내는 것만으로 판단이 이루어질 수 없다. 판단 할 때는 잘라낸 대상에 대해 주어진 상황에 맞춰 그 대상에 속한다고 할 수 있는 여러 성질들 중 특별한

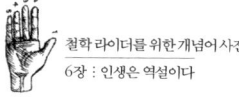

어떤 성질을 잘라내야 한다. 그래야 판단의 술어가 성립한다.

예컨대 '철학아카데미는 누구나 강의를 들을 수 있는 열린 학교'라고 판단했을 경우 왜 하필이면 이런 판단을 하게 되었는가 하는 그 배경으로서의 상황이 있을 것이다. 그 상황에는 '철학아카데미'만 현존하는 것은 물론 아니다. 그런데 그 상황에서 특별히 '철학아카데미'를 도드라지게 잘라낸 것이다. 그렇게 해서 판단의 주어가 성립한다. 그런데 판단의 주어만으로는 도대체 판단이 성립하지 않는다. 이제 '철학아카데미'를 대상으로 삼았을 때 이를 설명할 수 있는 여러 내용이 있을 것인데, 그중 특별히 '누구나 강의를 들을 수 있는 열린 학교'라고 하는 것을 도드라지게 잘라낸다. 그렇게 해서 판단의 술어가 성립한다. 철학아카데미와 관련된 다른 여러 내용을 찾아내고 이를 여러 술어들로 만들어 연이어 붙일 수 있음은 물론이다.

요컨대 판단에는 추상^{abstraction} 작업, 즉 분절^{articulation} 작업이 필수적이다. 그러고 보면 판단들이 차지하는 영역이 전체 상황의 영역으로부터 도드라지게 잘려 나온다고 할 수 있고, 따라서 두 층, 즉 상황의 층과 판단의 층이 있다고 말할 수 있게 된다. 우리는 상황의 층에서 삶을 영위한다. 그리고 삶을 잘 영위하기 위해 판단을 한다. 판단의 층은 삶을 위한 수단이고 상황의 층은 삶이 이루어지는 터전이다. 그런데 기왕에 판단한 내용들은 현재의 상황에 침전되어 스며들어 있다. 판단과 상황은 원리적으로는 서로 구분되면서 실제로는 역동적인 방식으로 상호교환의 관계를 맺는다.

인생에 있어서 매 순간 판단을 잘한다는 것은 매우 중요하다. 그 순간이 특별히 미래의 인생을 결정짓는 중차대한 상황에서 비롯된 것이면 더욱 그렇다. 그런데 판단이란 기본적으로 객관적인 상황을 바탕으로 한 것이라고 했다. 주어진 객관적인 상황에 주변의 여건뿐만 아니라 인생을 잘 살고자 하는 자신의 능력이나 상태가 포함됨은 물론이다. 이런 객관적인 상황을 최대한 더 풍부하고 더 정확하게 반영해서 판단을 내려야 한다. 그래서 열심히 공부를 해야 하고 진지한 태도로 경험을 해야 한다. 특히 중요한 판단은 반드시 미래의 행동으로 이어지기 마련이고, 그 행동은 계속 이어질 행동을 결정짓는 중요한 방향타 역할을 하게 된다. 이공계를 선택할 것인가, 인문계를 선택할 것인가, 어떤 전공을 택해서 대학 생활을 할 것인가, 어떤 사람을 연애 대상으로 삼을 것인가, 어떤 사람과 결혼할 것인가 하는 등 인생의 길을 결정짓는 핵심 대목들은 즐비하다. 그때마다 최선의 판단을 해야 한다. 생각에 의한 판단은 행동을 위한 것이고 행동이야말로 인생을 채워나가는 구체적인 내용임을 잊어서는 안 된다.

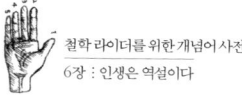

명제

 판단과 상황이 서로 뒤섞이는 구조를 지니고 있기 때문에 경우에 따라서는 판단이 정확하게 반성에 의해 이루어지기만 하는 것이 아니라 나도 모르게 이미 이루어지기도 한다. 실제로는 시시각각 온갖 판단들을 나도 모르게 한다. 그럴 때 물론 판단은 뚜렷하지 않을 것이다.

 판단이 뚜렷하게 이루어질 때 그 판단의 대상과 그 대상의 속성에 대해 정립을 한다고 한다. 정립적인 판단에서 판단 대상과 속성의 연결이 정확히 하나의 단위로 끝맺음할 수 있는 형태로 이루어질 때 정립되는 것을 명제^{proposition}라고 한다. 명제를 흔히 '의미의 단위'라고도 한다. 명제를 의미의 단위로 여기는 데는 의미가 사건을 바탕으로 해서 성립하고 사건을 정립한 것이 명제라는 점이 전제되어 있다.

 하나의 낱말이 개념을 지시하는 것처럼 하나의 문장은 명제를 지시한다. 명제에서는 참과 거짓의 여부가 중요하다. 그래서 참 혹은 거짓을 명제의 '진릿값$^{value\ of\ truth}$'이라고 한다. 그런데 명제 자체만으로는 그 명제가 참인지 거짓인지 알 수 없다. 언제든지 주어진 명제를 객관적인 상황과 견주어 일치하는지 어떤지를 판별해야만 한다. 그러고 난 뒤에야 명제의 참 혹은 거짓이 결정된다.

흔히 논리를 개념 논리와 명제 논리로 구분하기도 하는데, 명제 논리의 기본 단위는 말 그대로 명제다. 명제는 정언 명제$^{\text{categorical p.}}$, 연언 명제$^{\text{conjunctive p.}}$, 선언 명제$^{\text{disjunctive p.}}$, 가언 명제$^{\text{hypothetical p.}}$ 등으로 나누기도 한다. 정언 명제는 'S는 P다'라고 하는 기본 형식에 의거한 것으로서 다른 형태의 명제들을 이루는 기본 단위다. 논리학에서는 주로 p, q, r…… 등으로 표시한다. 연언 명제는 '그리고^{and}'라는 접속어를 통해 두 정언 명제가 결합된 것이다. 선언 명제는 '또는^{or}'이라는 접속어로 두 명제가 결합된 것이다. 그리고 가언 명제는 '만약 ……이면, ……하다$^{\text{If ……, then ……}}$'라는 접속어로써 두 명제가 결합된 것이다. 여러 명제가 결합된 것을 복합 명제라 하고 하나의 명제로 된 것을 단순 명제라고 한다. 예컨대 '이 분필은 희고 딱딱하다'는 연언 명제이면서 복합 명제다. '이 분필은 희다'라는 단순 명제와 '이 분필은 딱딱하다'라는 단순 명제가 결합된 것이다. '너는 지금 인생을 긍정할 것인가, 아니면 부정할 것인가 하는 기로에 서 있다'라고 하는 것은 선언 명제이면서 복합 명제다. 그리고 '만약 네가 이 여인을 끝내 사랑한다면 너는 너의 부귀와 영화를 포기하지 않을 수 없다'라는 명제는 가언 명제이면서 복합 명제다.

한편 논리학에서는 명제에 대해 양과 질을 따진다. 명제의 양은 주어에 해당하는 대상 집합 전체를 망라하는지, 아니면 부분만을 지시하는지에 따라 결정된다. '모든 사람은 예술적이다^{전칭명제}'라거나 '어떤 사람은 예술적이지 않다^{특칭명제}'라는 식으로 명제의 양이 표현된다. 명제의 질은 '모든 사람은 예술적이다^{긍정명제}'라거나 '모든 사람은 예술적이지 않다^{부정명제}'라는 식으로 표현된다. 명제의 양과 질을 결합해서 명제의 기본 형식인 단순한 정언 명제를 분류하면 전칭 긍정 명제, 전칭 부정 명제, 특칭 긍정 명제, 특칭 부정 명제 등으로 나뉜다.

인지심리학에서는 하나의 문장을 이해하는 데 걸리는 시간을 측정하기도 한다. 문장의 길이와는 상관없이 그 문장에 명제가 몇 개 들어 있는가에 따라 이해하는 시간이 달라진다는 실험 보고가 있다. 예컨대 '하얀 장미가 검은 벽돌 뒤로 솟아나 있다'라는 문장과 '아스파라거스가 비닐봉지에 가득 담겨 있다'라는 문장은 길이가 비슷하다. 그런데 이해하는 데는 앞의 문장이 더 많은 시간을 요구한다는 것이다. 앞의 문장에서 '하얀 장미'는 '장미는 하얗다'라는 명제가 변형된 것이고 '검은 벽돌' 역시 마찬가지다. 그리고 '장미가 솟아나 있다'라는 명제가 있다. 그에 비해 뒤의 문장은 명제가 하나다.

자, 중요한 것은 사유가 진행될 때 명제가 사유의 기본 단위가 된다는 사실이다. 그래서 사유를 표현하고 있는 문장을 통해 사유를 할 경우 결국 사유를 통해 수행하는 작업은 그 문장에서 각각의 명제를 정확하게 분석해 이해하는 것이다.

그러나 우리가 명제를 통해서만 사유한다고 할 수 있는가 하는 문제가 있다. 정립적인 판단을 통해 판단되는 사태가 바로 명제라 할 수 있다. 정립적인 판단에는 비정립적인 여러 판단들이 알게 모르게 작동하고 있다. 정립적인 판단에 관련되는 상황에는 알게 모르게 비정립적인 판단들이 뒤섞여 있는 것이다. 그런데 비정립적인 판단들에 대해서는 논리학이 좀처럼 힘을 발휘하지 못한다. 그래서 논리학 외에 심리학이라든지, 지각론 및 존재론처럼 논리학에 대해 더 넓은 외연을 형성하면서 논리학을 돕는 학문들을 함께 연구하지 않으면 안 되고, 논리학 자체만으로는 아무래도 형식에 그치기가 쉽다.

논리학적인 관점을 일관되게 견지할 경우 모든 문장은 명제들로 되어 있다고 할 수 있다. 그런데 명제는 기본적으로 참이거나 거짓이다. 여러 명제로 된 하나의 문장이 있다고 할 때 거기에 단 하나의 거짓된 명제가 들어 있더라도 그 문장 전체는 거짓이 된다. 특히 그 문장에서 근거가 되는 명제가 거짓일 경

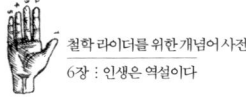

우에는 더욱 그렇다. 다른 사람과 대화할 때 혹은 책을 읽을 때 암암리에 우리는 참과 거짓을 구분하고자 한다. 진실성을 염탐하기도 하고 과연 말이 되는가 하는 의구심을 갖기도 한다. 그와 같은 참 혹은 거짓에 대한 판단을 잘하지 못할 경우 사기를 당한다거나 낭패를 보기 일쑤다. 왜 사람들은 거짓말을 할까? 거짓말인 줄 알면서 거짓말을 하는 것과 거짓말인 줄 모르면서 거짓말을 하는 것 중 어느 것이 더 나쁜 영향을 미칠까? 거짓말이 정말 나쁘다는 사실을 정확하게 안다면 과연 거짓말을 할까? 기본적으로 명제란 것이 참 혹은 거짓일 수밖에 없다는 점을 염두에 두면서 일상의 언어생활에 대해 나도 모르게 섬세하게 반응할 필요가 있다.

규정

명제와 직결되는 활동으로서 규정^{determination}이 있다. 규정한다는 것은 문제가 되는 대상$^{개별\ 사물일\ 수도\ 있고,\ 보편적인\ 형상일\ 수도\ 있고,\ 구체적인\ 사건일\ 수도\ 있다}$의 성격을 판단을 통해 결정하는 것이다. 다만 규정한다고 할 때는 중요한 조건이 들러붙는다. 문제가 되는 대상이 있다고 할 때 그 문제는 항상 상황으로부터 불거져 나온 것이다. 그렇다면 문제가 되는 대상을 규정할 때 그 규정이 의미가 있으려면 문제를 해결하는 데 최대한 적극적으로 도움이 되는 방향으로 이루어져야 한다.

일반적인 형식으로 말하면 규정은 대상인 주어에 대해 술어적인 속성을 부가하는 것^{attribution}이다. 대부분의 경우 대상인 주어가 갖는 속성은 거의 무한하다고 해야 한다. 그 속성들 중에서 그 대상을 바로 그 대상이게 하는 속성을 '본질적 속성'이라고 하고 그 외의 속성들을 '우연적 속성'이라고 한다. 특히 학문에서는 탐구하는 대상에 대해 그 본질적 속성을 찾아 속성을 부가하려고 노력한다. 본질적인 속성은 그 대상이 근본적으로 다른 대상들에 대해 어떤 힘을 발휘할 것인가를 나타낸다. '불은 색깔을 지닌 것이다'라는 명제와 '불은 열에너지를 다량으로 발산하면서 빛을 낸다'라는 명제 중에서 어느 것이 더 본질적인 속성을 부가한 것일까? 이를 판별할 수 있는 기준이 있다면 무엇일까?

본질적인 속성 부가를 통해 해당 대상을 규정할 때 가능하면 그 대상이 다른 대상들과는 달리 유별나게 지니고 있는 속성을 찾게 된다. 이에 규정과 아주 유사한 정의^{definition}의 공식이 나온다. 이 공식은 일찍이 아리스토텔레스가 제시한 것으로 '정의=종차+최근류'라는 것이다. 예컨대 '인간은 이성적인 동물이다'라고 정의할 때 종차는 '이성적인'이고 최근류는 '동물'이다. 이때 종차가 바로 본질적인 속성을 지칭한다고 말한다. 그래서 '인간은 이성적이다'라는 명제가 성립할 수 있다는 것이다.

문제가 되는 상황에서 주된 역할을 하고 있는 대상을 함부로 잘못 규정하게 되면 어떻게 될까? 문제가 더욱 커지면서 상황이 더욱 복잡하게 꼬일 것이다. 문제의 핵심을 파악해야만 문제의 대상에 대한 규정을 정확하게 할 수 있다. 왜냐하면 판단은 문제를 해결하기 위한 것이기 때문이다. 그러고 보면 문제가 되는 대상의 본질적인 속성을 찾아 규정한다는 것은 문제의 본질과 직결되어 있음을 알 수 있다.

예컨대 한미 FTA의 경우 양국의 무역 관계에서 어느 쪽이 더 이득을 보는가 하는 문제도 중요하지만 그보다 중요한 것은 두 나라의 시장, 특히 서비스 시장이 하나로 크게 통일될 때 강력한 자본력을 앞세운 나라의 문화와 생활양식이 자본력이 약한 나라의 문화와 생활양식을 잠식해 들어와 약화시킨다는 것이다. 어떤 종류의 산업이든 그 제품이 대다수 사람들의 욕망을 충족시키지 않으면 판매가 불가능하다. 그런데 자신의 제품과 욕망이 일치하지 않을 때 각종 언론 서비스 등을 통해 아예 욕망을 바꿔버리는 산업 전략은 자본주의 시장에 있어서 기본이다. 욕망은 오랜 역사와 전통을 통해 집단적으로 형성되어온 것이기 때문에 욕망이 바뀐다는 것은 그런 역사와 전통을 알게 모르게 포기하는 것이다. 정작 한미 FTA에서 중요한 것은 바로 이런 문화와 생활양식의 투쟁임을 정확하게 파악해야 한다. 그만큼 현안에서 본질적인 측면을 정확하게 파악해서 규정하는 것이 중요하다. 그런데 그런 본질적인 측면은 수면 아래에 잠복되기 일쑤다. 왜 철학적인 사유가 중요한가는 여기서도 드러난다. 철학은 항상 숨겨져 있는 본질을 찾는 사유의 훈련이기 때문이다.

속성

앞에서 논리를 명제 논리와 개념 논리로 구분했다. 개념 논리에서 중요한 개념은 하나의 개념을 둘러싼 내포와 외연이다. 하나의 개념, 예컨대 동물이라는 개념은 다른 개념, 예컨대 포유류라는 개념과 그 내포도 다르고 외연도 다르다. 외연은 포유류보다 동물이 훨씬 넓다. 그 반대로 동물을 규정하는 데 필요한 내용과 포유류를 규정하는 데 필요한 내용을 비교해보면 후자가 더욱더 복잡하다고 할 수 있다. 동물에 대한 일반적인 규정 외에 적어도 '젖 빨이'라고 하는 규정 내용이 더 들어가야 하니까 그렇다.

판단을 통해 한 대상을 규정한다는 것은 그 대상에 속한 성질, 즉 속성property을 선택해서 부가하는 것attribution이라고 했다. 속성은 말 그대로 대상에 속해 있는 성질이다. 그런 점에서 속성은 비자립적이다. 즉 저 혼자 존립할 수 없는 것이다. 예컨대 루이스 캐럴Lewis Carroll의 《이상한 나라의 앨리스Alice's Adventures in Wonderland》를 보면 고양이가 씩 웃는데 조금 후에 고양이는 온데

간데없고 웃음만 남았더라는 대목이 있다. 이때 고양이의 웃음은 그 웃음을 웃는 고양이가 없이 이른바 자립적으로 현존할 수 없는 것이다. 그런데도 현존하는 것처럼 보이니까 '이상한 나라'다.

속성이 비자립적이라는 것은 속성이 개별적인 개체일 수 없다는 의미다. 말하자면 속성은 실체일 수 없고 오로지 실체인 개체의 성질일 뿐이라는 것이다. 그래서 속성은 보편적인 형태를 띤다. 예컨대 "이 분필은 희고 딱딱하다"라고 말할 때 '흼^{whiteness}'이나 '딱딱함^{hardness}'은 보편적인 개념이다. 말하자면 '흼'과 '딱딱함'은 오로지 '이 분필'에만 적용될 수 있는 것이 아니고, 예컨대 특정한 백양나무에도 적용될 수 있고 그 외 여러 다른 사물들에도 적용될 수 있다.

문제는 '이 분필의 흼'과 '이 백양나무의 흼'이 과연 같을 수 있는가 하는 것이다. 말하자면 개개의 개체들이 지닌 속성들은 그 개체의 특수성에 의거해서 언어에 있어서는 동일한 술어, 예컨대 '희다'라는 술어적인 낱말을 써서 표현한다고 할지라도 그 술어에 의해 지칭되는 실제의 속성은 모두 다 다를 수 있는 것이다. 그래서 실제 개체의 속성과 그 속성을 나타내는 술어 간에는 간극이 있을 수밖에 없다.

그런데 술어를 통해 여러 사물의 속성을 표현하는 것이 습관

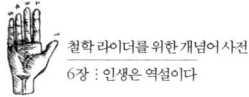

이 되어버린 우리로서는 자칫 개체의 속성마저 바로 그 개체의 속성을 나타내는 술어가 지닌 보편적인 개념에 의거한 것이 아닌가 하는 착각을 할 수 있다. 여기에서 우리는 보편적인 개념을 생각하게 만든 속성이 오히려 보편적인 개념에 의해 일정하게 왜곡된다는 사실을 알게 된다. 원천이 되는 개체의 속성이 그 결과물인 보편적인 개념에 의해 공격당하는 것이다. 엄밀하게 말하면 개체의 속성은 항상 보편적인 개념을 넘어선 일종의 과잉을 지니고 있고, 그 과잉이 바로 개체의 속성과 보편적 개념 간의 간극이다. 이 간극을 무시하지 않는 한, 논리적인 사유가 성립할 수 없다. 따라서 논리적인 사유라는 것은 한편으로 한계를 갖는 것이고 반드시 존재론적인 사유에 의해 보충되지 않으면 안 된다.

흔히 사회적인 현안을 다룰 때 보편주의에 의거한 폭력을 운위한다. 보편주의에 의한 폭력성이 특수하게 나타나는 것이 다수결에 의한 '소수에 대한 다수의 횡포'다. 공통된 것이 특수한 것을 억압하고 가치 없게 여기는 것이 보편주의에 의거한 폭력이다. 보편적인 공통성을 찾아서 가치의 기준으로 삼고, 그 가치의 기준을 중심으로 해서 공동체적인 삶을 영위하고자 하는 것이 그 자체로 나쁜 것은 결코 아니다. 그러나 공통적이라고 해서 개개의 특수성을 제거해버린 보편성을 추구해서는 안 된다.

헤겔이 왜 구체적 보편자를 제시했는가를 곰곰이 생각해야 한다. 명제적인 술어가 지닌 보편성이 개체의 속성을 추상화한 것이라는 사실은 자칫 논리적이고 개념적인 보편성이 감각을 통해 구체적으로 느끼게 되는 특수한 내용을 제거함으로써 폭력을 행사할 수 있음을 일러준다. 헤겔이 구체적 보편자를 제시했던 것은 보편적인 힘을 갖되 그 힘이 특수한 모든 개체의 힘을 반영한 것이어야 함을 알았기 때문이다. 물론 그렇다고 해서 보편자가 개체들을 억압하거나 짓누르지 않는 것은 아니다. 그래서 헤겔은 구체적 보편자인 국가가 개인들에게 행사하는 힘을 방어하고 조절하기 위해 그 중간에 많은 시민 사회가 있어야 한다고 한 것이다. 예컨대 오늘날 사회 시민단체들은 국가의 위력으로부터 개개 시민들을 보호하는 역할을 하는데, 이는 이미 헤겔이 제시한 대안이었다. 사회 시민단체에 가입하는 것이 왜 중요한가를 바로 개체의 구체적인 속성과 술어의 추상적 보편성 간의 충돌을 통해 알게 된다.

역설

 언어 세계에서 가장 기묘한 것이 있다면 바로 역설^{paradox}이다. 'para'는 '옆에 놓여 있는'이라는 뜻을 갖는다. 그리고 'dox'는 'doxa', 즉 '의견'을 뜻한다. 말하자면 역설은 흔히 논리적으로 성립한다고 알고 있는 통념을 비켜나 있으면서도 그다지 멀리 있지 않은 상태에서 통념의 한계를 지적해준다.

 논리적으로 가장 그럴듯한 역설은 폴란드의 논리학자이자 수학자인 타르스키$^{\text{Alfred Tarski, 1902~1983}}$의 역설이다. 그는 1936년 〈논리적 귀결이라는 개념에 대하여$^{\text{On the concept of logical consequence}}$〉라는 논문에서 "논증의 결론은 전제들의 모든 모델이 결론을 이루는 하나의 모델이 될 때 오로지 그 경우에만 전제들에서 결론이 논리적으로 도출된다"라는 말을 했다. 여기에서 결론은 결과에 해당된다고 할 수 있고 전제는 원인에 해당된다고 할 수 있다. '전제들의 모델'이 '결론의 모델'이 된다고 할 때 '결론의 모델'은 오히려 '전제들의 모델에 대한 모델'이기 때문에 결론이 전제들에 대해 '묘한 방식의 전제'가 된다고 할 수 있다는 것이기에 역설이다.

타르스키가 제시한 아주 흥미로운 역설이 있다. 종이의 양면 중 앞면에는 "이 뒷면에 있는 말은 거짓말이다"라고 쓰여 있다. 그런데 뒷면에는 "이 뒷면에 있는 말은 참말이다"라고 쓰여 있다. 앞면에 쓰인 말을 참말로 여기면 뒷면에 있는 말은 거짓말이 된다. 그리고 뒷면에 있는 말이 거짓말이 되면 "이 뒷면에 있는 말은 참말이다"가 거짓말이 되기 때문에 이제 앞면의 말은 거짓말이 된다. 즉 "이 뒷면에 있는 말은 거짓말이다"라는 말이 거짓말이 된다. 그래서 뒷면에 있는 말이 도리어 참말이 된다. 이런 논리적인 역전이 계속해서 일어나게 된다. 앞면이 뒷면이 되고 뒷면이 앞면이 되면서 꼬이고 되돌아오면서 스스로를 부정하고 그렇게 스스로를 부정함으로써 스스로를 긍정하고, 스스로를 긍정함으로써 스스로를 부정하는 일이 계속 벌어진다.

타르스키는 이 역설을 해결하기 위해 두 면 중 한 면은 '대상언어'이고, 다른 한 면은 '메타언어'라고 해야 한다고 말한다. 말하자면 역설이 생겨나는 이유는 대상적인 차원과 메타적인 차원을 구분하지 않고 뒤섞어버렸기 때문이라는 이야기다. 메타언어는 '대상언어에 대한 언어'라고 정의된다. 달리 말하면 메타언어는 대상언어의 속성쯤 된다고 할 수 있다. 실체의 판면과 속성의 판면을 정확하게 구분해서 속성이 실체를 설명해주

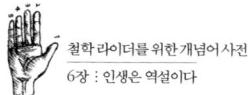

는 것이고 이 관계가 역전될 수 없다는 것을 인정하게 되면 그와 아울러 메타언어가 대상언어를 설명해주는 것인데, 다시 그 대상언어를 메타언어에 대한 메타언어인 양 사용하게 되면 그와 같은 황당한 역설이 일어난다는 것이다. 대단히 날카로운 분석이 아닐 수 없다.

말하자면 토끼가 빨리 달리는 것이지, '빨리 달림'이 토끼에게 나타난 것이 아니라는 말이다. 만약 '빨리 달림'이 토끼에게 나타나고 '느리게 걸어감'이 거북에게 나타난 것이라고 여긴다면 그 나타남의 관계는 언제든 바뀔 수 있다는 것이고, 그렇게 되면 언제든 거북이 토끼보다 빠르게 달릴 가능성이 있게 된다. '빨리 달림'이나 '느리게 걸어감'이라는 관념이 실체와 상관없이 따로 존립할 수 있다고 여기게 되면, 혹은 그래서 실체마저 바로 그런 관념들이 뭉쳐서 생겨난 것이라고 여기게 되면 거북이 토끼보다 더 빨리 달리는 것은 언제든지 가능하게 된다. 관념론은 실제로 토끼가 거북보다 빨리 달리는 이유를 원리상 결코 이해할 수 없다. 말하자면 모든 역설은 관념의 자립성에 의거한 논리에 의해 가능하다고 할 수 있다. 따라서 역설에 말려들지 않기 위해서는 관념 자체가 실제와 상관없이 그 자체로 존재할 수 있다는 생각을 버려야 한다.

그러나 인생에 있어서 많은 역설은 관념 때문에 생겨나는 것이 아니다. 가장 근본적으로는 시간 때문에 생겨난다. 정확하게 말하면 언어가 시간의 신비를 따라잡을 수 없기 때문에 생겨난다. 예컨대 조광제는 태어날 때부터 지금까지 조광제다. 그런데 실제 조광제는 이미 늘 변하고 있다. 변한다는 것은 시간적인 문제다. 그뿐만 아니라 변하지 않는다는 것도 비록 차원은 다르지만 역시 시간적인 문제다. 조광제가 자기 동일성을 계속 유지한다는 것은 자기 동일 수 없도록 하는 어떤 여건이 전제되어야만 한다. 그 여건이 바로 시간이다. 그러니까 시간 속에서 보면 조광제는 변하면서 변하지 않는 것이고, 따라서 조광제는 조광제이면서 동시에 조광제가 아닌 것이다. 사르트르는 심지어 인간이란 근본적으로 자신이 아님으로써 자신이고 자신임으로써 자신이 아니라고 한다. 만약 오로지 자기 자신이기만 하다면 인생에서 전혀 발전이 없다고 해야 하고 전혀 새로움도 없다고 해야 한다. 그리고 만약 오로지 자기 자신이 아니기만 하다면 아예 발전과 새로움을 누릴 주체가 성립하지 않게 된다. 이래저래 가장 기묘한 것이 인생이고, 이를 한마디로 "인생은 역설이다"라는 말로 표현할 수 있는 것이다.

범주

 범주, 즉 카테고리category는 무엇이든지 구분해서 분류하는 경우에 성립한다. 분류하기 위해서는 물론 분류되는 것들의 근본적인 성질을 근거로 해야 한다. 존재론적인 범주는 존재하는 것들을 그 근본적인 성질에 따라 분류하는 데 필요하다. 예컨대 물리적인 존재와 정신적인 존재를 구분한다거나 우연적인 존재와 필연적인 존재를 구분한다거나 개별적인 존재와 보편적인 존재를 구분한다거나 상대적인 존재와 절대적인 존재를 구분한다거나 할 때 그런 구분의 명칭들을 일컬어 존재론적인 범주라 할 수 있다.

 그런데 아리스토텔레스가 형이상학에서 제시한 10개 범주는 요컨대 실체와 속성 간의 관계를 규정하는 것들이다. 아리스토텔레스는 실체^{개체인 제1실체, 본질인 제2실체}, 양, 질, 관계, 장소, 시간, 태도, 상태, 능동, 수동 등 10개 범주를 제시했다. 실체를 제1범주라고 하고 나머지는 실체를 설명해주는 속성들에 관한 것들이라고 해서 파생적인 범주들이라고 했다. 말하자면 어떤 실체든 아홉 개의 범주에 속한 속성들을 지닐 수 있고, 바로 그 아홉 개의 범주에 속한 속성들이야말로 해당 실체를 알기 위해 꼭 필요한 것이라 여겼다.

그러던 것이 칸트에 와서 범주는 현상을 경험하는 데 작동하는 지성의 선험적인 형식들로 바뀌게 된다. 칸트가 제시한 범주들은 양의 세 가지 범주들인 단일성과 복수성과 전체성, 질의 세 가지 범주인 실재성과 부정성과 한정성, 관계의 세 가지 범주인 '실체와 속성'과 '원인과 결과'와 상호성, 양상의 세 가지 범주인 가능성과 현존성과 필연성 등 12개다. 이런 범주들을 추출해내는 철학적 작업인 '초월론적인 연역'은 대단히 복잡한 절차다.

아리스토텔레스이건 칸트이건 간에 범주는 결국 우리 인간이 바깥 대상을 경험할 때 어떤 틀들을 통해 접근할 수밖에 없음을 일러준다. 그렇다면 왜 우리 인간은 하필이면 바로 그런 범주들을 통해서 대상들, 즉 세계를 경험할 수밖에 없게 되었는가를 묻지 않을 수 없다. 그 바탕에 욕망과 충동 같은 것이 있다고 여기게 된다면, 예컨대 칸트가 제시한 12개의 범주들이 어떻게 욕망으로부터 생겨나게 되었는가를 따져야 한다. 칸트는 판단을 분석해서 12가지 범주를 찾아냈다. 판단이 욕망을 더 잘 충족시키기 위한 것임을 인정하게 된다면 욕망의 차원으로 내려가 범

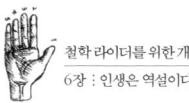
철학 라이더를 위한 개념어 사전
6장 : 인생은 역설이다

주를 재검토해야 한다. 그렇게 되면 그저 논리적이라고만 여겨지는 범주들 외에도, 예컨대 관능, 혐오, 낯섦, 친숙함 등을 근본 범주로 제시하게 될지도 모른다.

이를 염두에 두게 되면 철학적 사유를 통해 이전의 철학자들이 생각하지 못한 유효하고 강력한 범주들을 개발해낼 경우 위대한 철학자의 반열에 오르게 된다는 것을 알게 된다. 흔히 천재라고 일컬어지는 인물들은 어쩌면 모두 이전에 통용되는 범주들을 벗어나 새로운 범주들을 개발해냄으로써 완전히 새로운 경험을 하게 한 인물들이라 할 수 있다. 새로운 경험을 많이 할 경우 탐험가라고 불릴 수 있을지는 몰라도 천재라고 불릴 수는 없다. 천재는 사람들에게 새로운 경험을 할 수 있기 새로운 범주들을 만들어서 사유와 느낌의 새로운 눈을 뜨게 한다. 예컨대 미술에서 마르셀 뒤샹Marcel Duchamp, 1887~1968은 회화와 조각 외에 이른바 오브제라는 장르의 범주를 최초로 개발함으로써 현대 미술의 아버지가 되었다. 그런가 하면 백남준1932~2006 선생은 비디오 아트라고 하는 새로운 미술 장르의 범주를 최초로 개발함으로써 오늘날 엄청나게 확산된 미디어 아트의 선구자가 되었다. 프로이트는 무의식적인 트라우마라고 하는 정신적인 범주를 개발함으로써 천재로 군림하게 되었다. 아인슈타인은 '휜 공간'이라는 기상천외한 물리학적인 범주를 만들어서 증력을 설명함으로써 일반상대성이론을 구축했다. 그 외 위대한 천재들은 항상 자기 나름의 근본 범주들을 개발함으로써 그처럼 천재로 칭송받는 것이다. 천재가 되고 싶다면 새롭고도 효력이 뛰어난 범주에 몰두하는 습관을 길러야 한다.

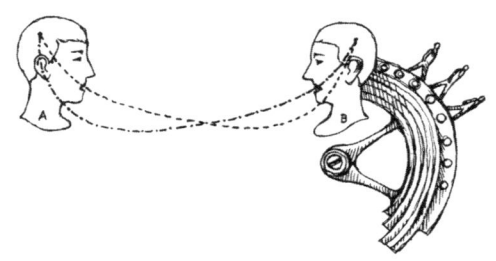

언어·기호

 언어와 직결되는 중요한 개념은 기호다. 기호는 크게 표식과 언어로 나눌 수 있다. 표식이 정교한 체계를 갖추면서 다양한 소통의 기능을 하게 되면 언어로 발달한다. 표식에서 언어로 나아가는 중간 단계에서 신호가 나타난다. 인간의 언어와 달리 동물의 언어는 거의 신호 수준이다. 신호의 대표적인 형태가 외침이다. 위험한 포식자가 나타났을 때 초식동물들은 소리를 냄으로써 동료들에게 위험을 알린다. 동시에 펄쩍펄쩍 뜀으로써 다른 동료들이 위험을 알아차릴 수 있게 온몸으로 신호를 보낸다. 동물들이 영역을 표시하기 위해 남기는 배설물의 냄새는 그 자체로 하나의 표식이 된다. 표식이 정적이고 장기적인 신호라면 신호는 동적이고 순간적인 표식이라 할 수 있다.

 표식, 신호, 언어 등을 모두 합해서 기호라고 한다. 기호는 기호 자체로서는 성립할 수 없고 기호 외의 다른 것을 어떤 방식으로든 지시할 수 있어야 한다. 상징, 직유, 은유, 풍자 등은 모두 기호의 지시 방식에 관한 것들이다. 도심에서 차도를 횡단할 때는 신호등의 색깔을 주시하고 있어야 한다. 초록색의 신호등은 길을 건너도 안전하다는 뜻이고 빨간색의 신호등은 위험하니 길을 건너면 안 된다는 뜻이다. 그런 까닭에 기호는 기호의 물리적인 형태와, 그 물리적인 형태를 통해 지시하는 뜻이 한데 결합된 것이다. 전자를 기표라고 하고 후자를 기의라고 하는데, 이에 관해서는 나중에 자세히 설명할 것이다.

아무튼 신호 차원에 머문 것이 동물들의 언어라면 인간의 언어는 다른 동물들의 신호 체계와는 비교가 안 될 정도로 복잡하고 정교한 체계를 형성한다. 동물들이 남기는 표식이 발달한 것이 글이라면 동물들이 사용하는 신호가 발달한 것이 말이다. 인간에게 말과 글은 어느 것이 먼저 생겼는지를 알 수 없을 정도로 동시 발생적이다. 칸트의 제자로 독일 질풍노도의 문예를 이끌었던 헤르더Johann Gottfried von Herder, 1744~1803는 인간의 언어가 생겨난 것은 인간이 다른 동물들과는 달리 감각 능력이 약하면서도 다양하기 때문이라고 말했다. 감각 능력이 뛰어난 동물은 그 감각의 대상과 거리를 갖지 못하는 반면, 감각 능력이 약한 인간은 감각의 대상에 대해 일정하게 거리를 유지할 수 있어서 그 거리로부터 이성과 언어라고 하는 독특한 능력을 갖게 되었다는 것이다.

중요한 것은 체계로서의 언어가 있는가 하면 실제로 대화나 글로 쓰이는 언어가 있다는 것이다. 불어로 체계로서의 언어는

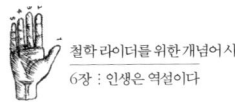

'랑그^{langue}'라고 하고 실제로 쓰이는 언어는 '랑가주^{langage}'라고 한다. 예컨대 한국어, 중국어, 일본어, 영어 등으로 구분하는 것은 랑그들의 구분이다. 하나의 랑그는 랑가주에 대해 그 바탕의 체계로서 작동한다. 발음의 법칙과 문법은 랑그를 구정하는 중요한 요소다. 랑가주는 발언을 하는 구체적인 상황과 직접 결부되어 있는 반면, 랑그는 구체적인 상황을 넘어서서 브편적인 규칙으로 존재한다.

하나의 랑그는 역사를 통해 발음법칙이나 문법이 조금씩 변한다. 그 과정을 연구하는 것을 통시적 언어학이라고 한다. 그리고 하나의 랑그는 그 자체로 표층적이거나 심층적인 구조를 지니고 있는데, 그 구조를 연구하는 것을 공시적 언어학이라고 한다. 현대 언어학의 아버지라 할 수 있는 소쉬르$^{Ferdinand\ de\ Saussure,\ 1857-1913}$는 공시적 언어학만이 진정한 언어학이라고 말한다.

랑가주에 있어서는 크게 두 가지 층위를 나눌 수 있다. 하나는 개념적이고 논리적인 층위이고 다른 하나는 감각적이고 정서적인 층위다. 흔히 말하는 뉘앙스나 어투는 후자에 속한다. 사람들이 대화를 통해 소통하고자 할 때 과연 랑가주의 두 층위 중 어느 층위가 더 중요한가 하는 점에 대해 논의가 분분하다. 랑가주의 감각적이고 정서적인 층위에서 작동하는 언어가 바로 몸 언어, 즉 보디랭귀지다. 사람의 몸은 그 자체로 언어적이라고 할 정도로 표현이 대단히 섬세하고 복합적이다. 이는 주어진 대화 상황 전체를 나름대로 표현하고자 하는 방향으로 인간의 두뇌와 몸이 발달해왔기 때문이다.

개념적이고 논리적인 층위의 랑가주를 엄밀하게 좁은 의미로 표현이라고 한다. 표현은 몸 전체에서 드러나는 표식과는 달리 객관적이고 보편적이다. 그에 반해 몸 전체에서 드러나는 표식은 다소 주관적이고 특수하다. 그러나 문화에 따라 표식을 드러내는 방식이 충분히 다를 수 있기 때문에 한 문화의 몸 언어를 다른 문화의 몸 언어로 번역하는 것은 결코 쉽지 않다. 흔히들 "번역은 반역이다"라는 말을 하는데 그것은 랑가주인 글 속에 암암리에 개념적이고 논리적인 층위 외에 감각적이고 정서적인 층위가 함께 결합되어 있기 때문이다. 그리고 감각적이고 정서적인 층위는 몸 전체를 통해 드러나는 표식이 상당 부분 반영되어 있기 때문이다.

인간을 사회적 동물이라고 할 때 그 사회성을 뒷받침하는 핵심적인 장치가 바로 언어다. 그래서 정신분석학자인 라캉은 사회를 상징계라고 말하는데, 그것은 사회가 언어적인 체계로 되어 있고, 또 인간의 무의식마저 상징적인 체계로 되어 있다고 보기 때문이다.

이런 라캉의 말을 원용하면 사회 역시 무의식적인 상징체계

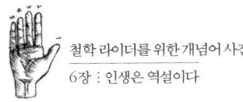

를 바탕으로 작동한다고 할 수 있다. 또한 의식적인 소통이 있는가 하면 무의식적인 소통이 있다고도 할 수 있다. 소통이 잘되지 않는 것은 무의식적인 소통의 영역에서 이미 거부와 부정과 저항이 작동하기 때문인데, 이는 앞서 말한 랑가주의 감각적이고 정서적인 층위에서 이미 불통하고 있음을 일러준다.

인간관계에서 소통이 잘되는 경우가 많으면 많을수록 나름의 의미와 가치가 강화되고 확장된다. 어떤 종류의 사람을 만나더라도 소통이 잘되는 나 자신을 구축하기 위해서는 무엇보다 감각적이고 정서적인 차원에서 깊고 넓은 경험과 그에 따른 몸틀을 구비해야 한다. 흔히 말하듯이 감성지수를 높여야 하는 것이다. 이는 좋은 삶을 영위하기 위해 소설과 시를 많이 읽고 음악과 미술, 연극과 영화 등을 많이 보고 들어야 하는 이유를 절실하게 알려준다.

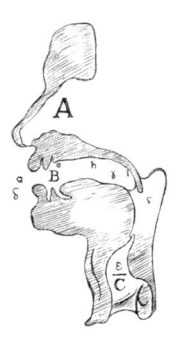

기표·기의

방금 우리는 기호가 기표와 기의로 구성된다고 했다. 이 개념은 소쉬르가 맨 처음 정착시킨 것이다. 불어로 기표는 '시니피앙 signifiant'이고 기의는 '시니피에 signifié'다. 특히 이 둘 중 기표 혹은 시니피앙은 오늘날의 여러 인문 사회과학적인 문헌에서 심심찮게 발견할 수 있다. 소쉬르는 이 두 개념을 《일반언어학강의 Cours de Ling ui stique Générale》에서 처음으로 제시한다. 소쉬르는 이 두 개념을 언어학 내지는 기호학의 근본 범주로 자리매김함으로써 천재라는 말을 듣는다. 참고로 그의 말을 따라 생각해보기로 한다. 여기서는 여러분 스스로 읽고 이해해보기 바란다.

> 언어활동이 이질적인 데 반해, 이렇게 한정된 언어는 동질적 성격을 띤다. 그것은 기호의 체계인데, 거기서는 의미와 청각 영상의 결합만이 본질적인 것이고 기호의 두 부분은 똑같이 정신적이다. (……) 언어 기호가 결합시키는 것은 한 사물과 한 명칭이 아니다. 하나의 개념과 하나의 청각 영상이다. 이 청각 영상이란 순전히

물리적 사물인 실체적 소리가 아니라 그 소리의 정신적 흔적, 즉 감각이 우리에게 증언해주는 소리의 재현이다. (……) 언어 기호는 양면을 지닌 일종의 정신적 실체로서 개념에서 청각적 영상으로, 청각적 영상에서 개념으로의 동시적인 이동이 이루어지는 것이다. (……) 우리는 개념과 청각 영상의 결합을 기호라고 부른다. 그러나 일상 용법에서는 이 용어가 일반적으로 청각 영상만을 지칭한다. (……) 우리는 그 전체를 지칭하는 데 기호^{signe}라는 낱말을 그대로 사용하고 개념과 청각 영상에는 각각 기의^{signifié}와 기표^{signifiant}를 대체해서 사용할 것을 제안한다. (……) 기표는 그 청각적인 본질 때문에 단지 시간 속에서 전개되며 또한 시간의 속성에서 비롯되는 특징들을 지니게 된다. 따라서 기표는 a)시간의 길이를 반영하고 b)이 길이는 단일 차원에서 측정 가능한 바, 이는 선을 말한다. (……) 따라서 이들 청각 기표 요소는 하나하나 차례로 나타나며 하나의 사슬을 형성한다. (……) 기표는 (……) 그것을 사용하는 언어 집단과 관련하여 생각해보면 자유로운 것이 아니라 강요된 것이다. (……) 언어는 개념을 표현하기 위해 만들어졌거나 배열된 메커니즘이 아니다.

이런 소쉬르의 설명을 듣고 나면 평소 생각하는 것과는 달리 기표라는 개념이 상당히 복잡하다는 것을 알 수 있다. 그는 언어라는 기호에서 기표를 '청각적 영상'이라고 말한다. 이때 영상이라고 번역한 것은 '이마주^{image}'다. 이 청각적 영상을 따로 떼어내어 생각하기는 결코 쉽지 않다. 예컨대 '사과'라는 낱말을 아무 의도나 의도에 따른 어떤 뜻도 없이 그저 소리 자체를 내기 위해 발음하는 경우는 아예 없기 때문이다. 우리는 바람 소리만 들어도 그 바람 소리를 일정하게 표식으로 여겨 거기서 어떤 의미를 읽어내는 것이 습관화되어 있다. 그런데 청각적 영상은 아예 그 어떤 형태의 뜻마저도 삭제한 상태에서 성립하는 것이기 때문에 실제로 접한다는 것은 불가능하다.

다만 기의, 즉 시니피에를 개념이라고 말하고 있기에 앞서 랑가주를 분석하면서 제시한 감각적이고 정서적인 층위가 혹시 시니피앙, 즉 기표에 해당되는 것은 아닐까 하는 생각을 할 수도 있다. 그러나 엄격하게 말하면 감각적이고 정서적인 층위도 분명하지는 않지만 그 나름 함축된 의미를 갖고 있기 때문에 기표에 해당한다고 볼 수는 없다. 이 점에서 소쉬르의 엄격하지 못한 점이 발견된다. 그런데 소쉬르는 랑가주가 아니라 랑그를 분석하면서 기표와 기의를 구분하고 있기 때문에 이야기가 더욱 복잡하다.

더욱 어려운 문제는 기표가 하나하나의 요소로서 선적으로 연결되면서 사슬을 형성한다는 것이다. 청각적 영상을 하나의

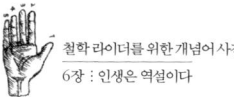

요소적인 단위로 끊어낼 수 있다는 이야기인데, 과연 무엇을 기준으로 끊어낼 수 있는지가 어렵다. 잘 알지 못하는 외국말을 들을 때 청취가 잘되지 않는 것은 청각적 요소를 그들이 끊어내는 것처럼 끊어내지 못하기 때문이다. 결국 청각적 영상을 요소적인 단위로 끊어내는 기준은 기의에 있는 것이 아닌가 하는 생각을 하지 않을 수 없다. 그런데도 소쉬르는 기의가 따로 외부에서부터 기표에 주어지는 것이 아니라 이 기표들이 사슬을 이루면서 자아내는 차이들의 총합에 의해 생겨난다고 말한다.

소쉬르의 주장은 이해하기 어렵지만 기의적인 동일성보다 기표적인 차이들이 근원적이라는 것으로 해독되고, 그러면서 존재론적으로 이관되어 차이들이 동일성의 바탕이 된다고 구조주의자들이 주장하게 된 것이다. 언어 분석이 존재론적인 사유의 기초로 작동하기도 한다는 점을 염두에 둘 필요가 있다.

{ 7장 }

사물로서의 인간, 상황으로서의 인간

| 현상 편 |

현상은 본질의 대응적인 개념이다. 그러나 그 둘은 따로 있지 않다. 본질은 현상을 통해 스스로를 드러내기 때문이다. 현실에 매몰된 우리는 현상에 드러난 본질을 보지 못하고 예사로 무시해버린다. 이제 오감을 활짝 열고 우리의 지각을 채우는 온갖 색들, 소리들, 냄새들, 맛들, 질감들에 몰입해보라. 그 속에 삶의 환희가 있다.

지각

 판단이 이루어지기 전 판단의 원천적인 재료를 제공하는 것이 지각이다. 우리는 판단을 사유의 귀결이자 목적이라고 하면서 판단이란 행동을 잘하기 위한 것이라고 했다. 그런데 행동에는 반드시 지각이 수반된다. 수반된다고는 하지만 실제로는 지각과 행동을 분리해서 생각할 수 없을 정도로 둘은 결합되어 있다. 이는 행동에서 감각과 운동이 하나로 결합되어 있는 것과 흡사하다. 지각과 행동보다 더 미세한 층위가 바로 감각과 운동이다. 감각하면서 운동하고 운동하면서 감각하는 것이다. 그래서 예컨대 《지각의 현상학La phénoménologie de la perception》으로 유명한 메를로퐁티는 그 이전에 쓴 《행동의 구조La structure du comportement》에서 앞서 말한 '감각 운동적 선험a priori sensori-moteur'이라는 개념을 제시했다. 말하자면 감각 운동적 선험은 '지각-행동'이라는 경험을 근본적으로 규정한다.

 지각이 항상 행동에 수반된다고 해서 지각과 행동을 구분할 수 없다고 생각하면 안 된다. 지각은 행동과 판단 양쪽을 매개

한다고 할 수 있다. 대단히 민감한 문제 중 하나는 지각의 주체가 무엇인가 하는 것이다. 정신을 실체로 보면서 몸을 정신의 도구^{혹은 기관}로 보게 되면 지각의 주체를 정신으로 여기기 쉽다. 하지만 정반대로 정신을 몸의 도구적인 기능으로 볼 수도 있다. 그렇게 되면 당연히 지각의 주체는 몸이다. 몸은 근본적으로 행동의 주체다. 판단에 의거한 사유를 행동을 위한 과정으로 볼 때 설사 사유의 주체를 정신으로 본다고 할지라도 그 바탕에 있어서는 사유의 주체마저 몸으로 귀착된다.

몸을 인간 활동의 근본적인 주체로 놓게 되면 '행동→지각→판단→지각→행동'으로 이어지는 동시적인 순환의 중심에 몸이 자리 잡는다. 이를 염두에 두게 되면 지각이 몸 자신에 대한 것과 몸 외부에 대한 것으로 나뉜다는 생각을 하게 된다. 몸 자신에 대한 지각과 몸 외부, 즉 외부 세계에 대한 지각은 묘한 관계를 맺고 있다. 몸은 지각 대상이면서 지각 주체이기 때문이다. 몸을 지각 대상으로 삼게 되면 몸 자체가 외부 세계에 편입되는 셈이다.

몸이 외부 세계의 부분이라는 생각을 뚜렷이 하게 되면 '외부 세계'라는 말조차 좀처럼 성립할 수 없게 되고, 그래서 아예 '세계'라는 말을 하게 된다. '몸을 포함하고 있는 세계'를 집중적으로 염두에 두면서 동시에 몸이 지각 대상이자 지각 주체임

을 염두에 두게 되면 이 '세계'가 지각을 둘러싸고서 일종의 뫼비우스의 띠와 같은 관계를 연출한다는 것을 알게 된다. 세계에 속한 몸이 지각 주체로 작동함으로써, 말하자면 세계의 부분이 세계 자신을 지각하는 꼴이 된다. 조금 더 상상력을 발휘하면 세계가 자신 속에서 몸을 일으켜 그 몸을 통해 자기 자신을 지각하는 꼴이다. 이렇게 되면 궁극적으로는 세계가 자신을 지각하는 셈이 된다.

이 경우 지각은 내 정신이 주체가 되어 수행하는 것으로 볼 수 없다는 데서 그치는 것이 아니라 심지어 지각은 내 몸이 주체가 되어 수행하는 것만으로도 볼 수 없고, 궁극적으로는 누가 한다고 말할 수 없을 정도로 확대·심화된다. 정말이지 지각을 통해 펼쳐지는 것으로 보이는 내 몸을 포함한 이 모든 세계에서 지각의 주체가 과연 누구(무엇)인지를 정확하게 가늠하는 것은 불가능하다. 그렇기 때문에 보려고 하지 않는 것도 보이고, 만지려고 하지 않는 것도 만져지는 것이다. 우리는 이미 지각 속에 도취(붙임)해서 살고 있다고 말할 수밖에 없다. 참으로 기묘한 일 중에도 최고로 기묘한 일이 아닐 수 없다.

지각에 도취되면 한번 주어진 인생이지만 그 자체만으로도 충분히 살 만한 가치가 있다는 것을 알게 된다. 죽음을 두려워하는 가장 중요한 이유는 죽고 나면 나 자신의 몸뿐만 아니라

이 모든 휘황찬란한 세계를 더 이상 지각할 수 없기 때문이다. 일상적으로 늘 습관이 된 탓에, 그리고 복잡다단한 사회생활에 급급한 나머지 우리는 지각되는 세계가 지닌 그 신비함과 오묘함을 예사로 무시한다. 가끔씩 산이나 들 혹은 바다로 나가 휴양을 즐길 때면 갑자기 자연이 주는 신비함에 매료되긴 하지만 도시 생활이나 집 안에서 느끼는 각종 감각들에 대해서는 좀처럼 신기해 하지 않는다. 그러나 조금만 생각해보면 지각되는 세계를 채우고 있는 색들과 소리들 그리고 그 질감들이야말로 얼마나 신비한가. 지각되는 이 모든 것을 애착을 가지고서 조금이라도 더 섬세하게, 조금이라도 더 진하게 들여다보아야 한다. 삶의 환희가 거기 있기 때문이다.

대상·지평

 현상학의 창시자인 후설은 인간의 모든 의식 작용 중에서 지각 작용이야말로 가장 근본적이어서 다른 모든 의식 작용의 출발점이 된다고 말한다. 따라서 지각의 구조를 잘 분석해서 그 요소들과 요소들 간의 관계를 파악하고 나면 그 성과를 다른 의식 작용들에도 적용할 수 있게 된다.

 논의의 편의를 위해 우리는 지각의 주체와 지각의 대상 영역을 잠정적으로 구분해서 생각할 수밖에 없다. 그런 가운데 지각 주체와 지각 대상의 관계에서 근본이 되는 구조를 생각해야 한다. 간단하게 말하면 이는 '지각 구조'라고 말할 수도 있을 것이다. 그중에서 가장 중요한 것은 이른바 '대상·지평의 구조'다. 이에 관해서는 후설이 가장 정교한 이론을 펼쳤다.

 지각은 지각장 내의 특정한 어떤 대상에 집중적으로 초점을 맞추는 데서 시작된다. 그때 초점을 받는 것을 지각 대상이라고 한다. 그러니까 지각 대상은 항상 특정한 어떤 것일 수밖에 없다. 그런데 지각 대상은 결코 홀로 주어지지 않는다. 항상 주변의 다른 것들과 함께 주어진다. 이때 지각 대상과 함께 주어지는 주변 전체를 일컬어 지평地平, ⟨독⟩Horizont, ⟨영⟩horizon이라고 한다. 예컨대 도심을 걸어가는 데 배가 고파서 국숫집을 찾으려 한다면 국숫집과 관련된 기호들을 찾기 위해 두리번거리게 된다. 그런데 국숫집 간판이 저 멀리서 보이면 그 간판이 지각 대상이 될 것이다. 그리고 그 간판을 둘러싼 주변의 모든 다른 것은 지평이 될 것이다. 특히 다른 여러 간판이 가장 중요한 지평이 될 것이다. 후설은 일단 초점을 받는 지각 대상을 '주제화된 대상⟨독⟩der thematizierte Gegenstand, ⟨영⟩thematised object'이라고 한다.

지각 대상과 지평은 결코 분리되지 않는다. 전체적으로 보면 대상과 지평은 항상 결합해서 통일된 상태로 주어진다. 문제는 이 통일된 상태에서 대상과 지평이 어떤 관계를 맺는가 하는 것이다. 후설에 따르면 지평은 대상의 의미를 규정한다. 그 대신 직접 규정하는 것이 아니라 간접적으로, 암시적으로, 함축적으로 영향을 미친다고 말한다. 대상의 직접적인 규정은 대상 자체에서 이루어지고 대상에 대한 간접적인 규정은 지평을 통해 이루어진다. 이는 예컨대 미술의 색상대비나 명도대비에서 가장 선명하게 나타나는바 당연한 사실이다. 가운데 붉은색 원환이 있다고 할 때 그 주변에 푸른색이 있는가, 아니면 노란색이 있는가에 따라 가운데 붉은색의 색조가 확 달라진다.

지평이 복잡해지는 것은 시간성과의 연결 때문이다. 지금은 여기 이 주제화된 대상에 초점을 맞추고 있지만 언제든지 그 주변, 즉 지평에 있는 대상들 중 하나를 주제로 삼아 초점을 바꿀 수 있다. 말하자면 지평 내의 모든 대상은 잠정적인^{virtual} 주제화된 대상이고 지금 당장 주제화된 대상은 현행적인^{actual} 주제화된 대상이다. 시간이 흐르면서 내가 지금 초점을 두고 있는 대상을 버리고 그동안 버려두었던 잠정적인 대상에 초점을 두게 되면 그것이 주제화된 대상이 된다. 중국집에 들어가 메뉴판을 보면서 자장면을 먹을까 할 때는 '자장면'이라는 글씨가 주제화된 대상이 된다. 그러다가 '에잇, 짬뽕을 먹자'라는 생각을 하게 되면 '짬뽕'이라는 글씨가 주제화된 대상이 된다. 지평에 스며들어 있던 것이 대상으로 부각되어 올라오는 것이다. 이럴 때 대상의 주변에서 성립되는 지평을 '외적 지평'이라 한다.

그런데 시간의 흐름은 무섭다. 내가 지금 초점을 두어 주제화하고 있는 대상에 계속 초점을 맞추고 있는 상태에서 그 주제화된 대상은 시간이 흐름에 따라 얼마든지 다른 모습들을 보인다. 칠판지우개를 돌려보면 쉽게 알 수 있다. 내가 어느 각도에서 보는가에 따라 칠판지우개는 계속 다른 모습을 보인다. 내 시선의 각도를 전문적인 용어로 '조망^{perspective}'이라고 한다. 그러니까 칠판지우개는 그것을 바라보는 나의 조망이 바뀜에 따라 계속 새롭게 모습을 드러낸다. 이렇게 동일한 하나의 대상이 제 스스로를 다르게 드러낼 수 있는 가능성 전체를 '내적 지평'이라고 한다. 지평은 대상에 대해 간접적으로, 암시적으로 그리고 함축적으로 규정 역할을 한다고 했다. 지금 내가 보고 있는 대상의 모습은 이전에 보였던 모습들뿐만 아니라 앞으로 보게 될 모습들 전체, 즉 내적 지평에 입각해서 그 대상이 '어떠어떠한 것'이라는 규정을 띠게 된다. 여기에 외적 지평이 관련됨은 물론이다.

하나의 대상을 지각할 때 대부분의 경우 나는 그 대상이 무엇이며, 내가 갖는 관심에 대해 어떤 의미를 갖는가를 저절로 규정하게 된다. 이를 사유를 통해 뚜렷이 하게 되면 그 규정은 정립적인 판단으로 이어진다. 그런데 대상·지평의 구조를 무시한 지각은 있을 수 없다. 따라서 내가 지각하는 대상은 그 외적 지평 그리고 내적 지평과 영향을 주고받음으로써 바로 그런 대상으로 판단되는 것이다.

이는 모든 영역에 적용된다. 책을 읽을 경우 지금 내가 보고 있는 문장 혹은 단락 혹은 책 전체 등은 주변의 다른 문장들, 다른 단락들 혹은 다른 책들과 관련해서 의미를 가질 수밖에 없다. 이를 일컬어 문맥^{context}이라고 한다. 문맥은 언어적인 지평이다. 하나하나의 텍스트들이 대상·지평의 구조와 관련해서 각기

의미를 갖게 되는 것을 일컬어 '상호 텍스트성^{intertexuality}'이라고 한다. 이는 텍스트들이 서로 영향을 미쳐서 각각의 의미를 갖는다는 뜻이다.

이런 대상·지평의 구조는 인간의 활동 전체에 그대로 전용된다. 기본적으로 기억과 예상은 지각의 지평으로 작동한다. 지나간 사건을 기억할 때는 오히려 지금 일어나고 있는 사건이 지평 역할을 한다. 모든 사유와 상상도 마찬가지로 그와 같은 대상·지평의 구조를 갖는다. 말하자면 대상·지평의 구조는 모든 인간 활동에 있어서 그리고 그 인간 활동과 관련되는 모든 영역에 있어서 필연적인 구조다.

이를 고려하면 인간의 의미 활동이 얼마나 복잡한가를 알 수 있다. 인간의 의미 활동은 철저히 네트워크적인 방식으로 얽혀 있다. 무엇보다도 대상·지평의 구조 때문에 이제 그 자체로 동일한 의미를 갖는 그 어떤 대상도 근본적으로 존립할 수 없다는 것을 알게 된다. 그러니 제대로 된 사유를 하고자 할 때 항상 염두에 두지 않으면 안 되는 것이 바로 이 대상·지평의 구조다. 헤겔의 변증법이나 데리다의 해체 등의 개념도 근본적으로 이런 대상·지평 구조의 실질적인 복잡성에 근거한 것이라 할 수 있다. 습관의 문제도 알고 보면 지평의 특별한 경우라 할 수 있다.

가끔씩 우리는 지금 내가 인생에 있어서 과연 어느 위치에 와 있는가를 돌아본다. 특히 한 해가 마무리되면서 이른바 송구영신送舊迎新의 시기를 보낼 때면 그런 생각을 많이 하게 된다. 그것은 다름 아니라 내 삶의 지평이 어느 정도로 확장·심화되었는가를 살피는 것이고, 그런 내 삶의 지평에서 과연 내가 지금 어느 정도로 뜨거운 삶을 살고 있는가를 살피는 것이다. 삶의 지평을 확대·심화해나갈수록 그만큼 삶은 더욱더 풍부하고 깊이가 있을 수밖에 없다. 내 삶의 지평이 곧 현재의 내 삶을 규정하기 때문이다. 어떻게 하면 삶의 지평을 확대·심화시킬 수 있을 것인가? 사회 역사적인 삶을 생각해야 할 것이고 정치와 경제가 어떻게 진행되고 있는가를 살펴야 할 것이다. 그뿐만 아니라 인간의 삶이란 것이 도대체 어떤 근본적인 지평 위에서 영위되는가를 살펴야 할 것이다. 그러기 위해서 해야 할 일은 너무나 많고 직접 행동해야 할 일도 너무나 많다.

상황 · 세계

 지평 개념을 가장 구체적으로 드러내는 개념으로 상황^{situation}을 들 수 있고, 이 상황이 보편적으로 확대된 것으로서 세계를 들 수 있다. 후설은 세계를 보편적인 외적 지평이라고 했다.

 우리는 이미 늘 상황 속에서 살고 있다. 상황은 주체와 객관적인 세계가 한데 결합된 것이다. 말하자면 객관적인 세계에 주체가 이미 늘 개입해 있다는 데서 상황이 성립한다. 그런 까닭에 상황은 우리의 삶을 이해하는 데 핵심 안건이 된다.

 주체는 항상 상황에 처해 있다. 그렇기 때문에 일체의 상황을 벗어난 '순수한 주체'를 운운하는 것은 불가능하다. '상황에 처한 주체$^{the\ situated\ subject}$', 이 주체가 객관적인 세계를 상황으로 이미 늘 전환한다는 것은 이미 늘 객관적인 세계를 의미 혹은 가치를 띤 것으로 만들고 있다는 의미다. 그러고 보면 실제의 현실은 상황이고, 따라서 주체와 무관한 '순수한 객관 세계'라고 하는 것도 본래부터 성립할 수 없다.

 '순수한 주체'와 '순수한 객관 세계'란 주체 그리고 세계와 본래부터 결합해 있는 상황을 바탕으로 이론적인 사유를 통해 추상적으로 구축해낸 것에 불과하다. 상황은 그야말로 근본적인 것이다. 이 근원적인 상황에 비추어볼 때 상황에 처한 주체 역시 한편으로 독특한 하나의 상황이라 할 수 있다. 주체는 상황을 지평으로 해서 성립한다. 지평은 항상 그 중심 대상을 규정한다. 그러니까 주체는 이미 또 하나의 독특한 상황인 것이다. 이는 주체로서의 우리가 상황에 이미 늘 구체적으로 개입 내지는 참여하고 있고, 또 관련되어 있음을 말해준다.

우리 한 사람 한 사람은 그 나름의 독특한 상황이다. 각자는 그 나름으로 이미 늘 복합적이고 구체적인 의미 복합이라 할 수 있다. 주체는 하나의 의미 복합이다. 그 의미 복합을 한마디로 상황이라 부르는 것이다. 상황은 본성상 늘 변하면서 역동성을 띤다. 각자가 발휘하는 '상황으로서의 주체' 역시 본성상 늘 변하면서 역동성을 띤다.

이런 '상황으로서의 주체' 개념은 메를로퐁티가 말한 '상황에 처한 몸'에서 그대로 나타난다. 몸은 살아온 삶의 이력을 고스란히 축적하고 있다. 몸을 주체라고 할 때 주체는 그동안 살아온 삶의 이력을 고스란히 축적해서 가지고 있다. 이를 바탕으로 해서 우리는 상황으로서의 주체라는 개념을 조성할 수 있는 것이다. 내가 하나의 독특한 상황으로서 이미 늘 새롭게 주어지는 세계 내의 상황과 결합해 있다고 여길 수밖에 없다. 그리고 그것이 바로 삶의 과정이라 여길 수밖에 없다. 이를 생각하면 우리의 삶이 얼마나 구체적이며, 처음부터 일체의 이론적인 구성으로부터 얼마나 크게 벗어나 있는가를 잘 알 수 있다.

이렇게 상황을 중심으로 해서 삶과 삶의 지평인 존재 전체를 생각하게 되면 세계라는 것도 결코 상황이라는 근본 성격을 벗어날 수 없는 것으로 파악된다. 한마디로 세계는 '복합적인 보편 상황'이라 할 수 있다. '복합적인 보편 상황으로서의 세계' 속에는 '상황으로서의 나'뿐만 아니라 '상황으로서의 타인들'이 포함되어 있다. 그뿐만이 아니다. 나와 타인들이 항상 구체적이고 역동적인 관계를 맺으면서 이미 늘 생동적이게 하는 주변 상황들이 포함되어 있다.

하이데거는 인간 현존재를 '세계 내 존재'라고 했다. 여기에서 세계를 '복합적인 보편 상황'이라고 여기게 되던 이 개념은 '상황 내 존재'로 바꿔 불러야 마땅하다. 세계라는 개념에 비해 상황이라는 개념이 구체성과 역동성에 있어서 훨씬 더 탁월하기 때문이다. 그런가 하면 하이데거의 스승인 후설은 세계를 '보편적인 외적 지평'이라 부르면서 환경세계^{Umwelt} 혹은 생활세계라고 했다. 후설이 제시한 세계와 관련된 개념들은 모두 상황, 즉 '복합적인 보편 상황'을 지칭한다고 할 수 있다. 후설은 일체의 이론적인 작업, 특히 과학은 바로 생활세계를 바탕으로 해서 이루어진다고 했다.

이론적인 층 내지는 사유의 층과 상황의 층 내지는 삶의 층은 충분히 서로 구분되어야 한다. 물론 이 둘이 뒤섞이는 경우도 많다. 그러나 항상 상황의 층이 일차적이고 이론의 층은 이차적이라는 사실을 염두에 두어야 한다. 그래야만 우리의 삶 혹은 우리의 존재 그리고 우리의 삶이 이루어지는 터전인 세계를 쓸데없이 이론적인 구축에 넘기는 우를 범하지 않을 것이다.

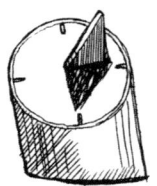

도구·사물

 삶의 지평에 널려 있는 것을 굳이 간략하게 지적하면 사물과 도구들이라 할 수 있다. 도구는 우리 인간의 욕구 혹은 욕망의 충족과 떼려야 뗄 수 없는 관계를 맺기에 그렇고 사물은 도구들의 기반이기에 그렇다.

 모든 도구는 기능을 발휘한다. 그 기능은 인간의 욕구 혹은 욕망의 충족을 목적으로 한다. 흔히 유형적인 도구와 무형적인 도구를 구분하기도 한다. 도심에 즐비한 건물은 유형적인 도구다. 그리고 법과 제도 및 여러 기구는 무형적인 도구다. 도구를 사물과 견줄 때는 주로 유형적인 도구를 염두에 두게 된다.

 그런데 도구는 결코 하나로만 작동하지 않는다. 하나의 도구는 항상 다른 도구들과의 관계 속에서 작동한다. 도구의 연쇄, 그것은 바로 도구적인 지평이다. 각각의 것은 지평을 떠나 존립할 수 없는 대상·지평의 구조라는 원칙은 어쩌면 도구 관계에서 가장 잘 드러난다고 할 수 있다. 개념을 사유의 도구라고 한다. 그러니까 개념들 역시 전체적인 지평의 연쇄 관계 속에서만 각기 나름의 기능을 발휘하는 것이다.

도구 속에는 사물이 감추어져 있다. 그런 점에서 도구는 사물을 은폐하는 역할을 한다고 할 수 있다. 도구라는 옷을 벗기면 사물이 발가벗은 채 드러난다. 아니, 도구에 비교해볼 때 사물은 이미 늘 발가벗은 존재라 하지 않을 수 없다. 그러고 보면 사물은 이미 늘 우리 인간의 욕구와 욕망을 넘어서 있는 셈이다.

우리는 '상황으로서의 주체'를 생각했고 '복합적인 보편 상황으로서의 세계'를 생각했다. 이때 상황은 어디까지나 삶과 근원적으로 얽혀 있는 것이었다. 그러고 보면 상황을 구성하는 핵심적인 요인은 욕구와 욕망 그리고 도구가 아닐 수 없다. 달리 말하면 상황은 욕구나 욕망이 도구와 맺는 연관으로서 그 자체가 역동적인 체계라 할 수 있다.

그런데 사물은 이런 욕구나 욕망이 도구와 맺는 연관을 벗어나는 것이다. 그러고 보면 사물은 상황을 넘어서 있는 것이라 할 수 있다. 상황을 넘어서 있다는 것은 하나의 독특한 상황일 수밖에 없는 주체로서는 감당할 수 없다는 뜻이다. 따라서 주체가 사물 자체의 영역으로 다가가고자 한다면 그것은 주체가 자신의 본령을 버리고 자신의 죽음을 각오하는 것이다. 그러고 보면 사물 자체의 영역은 위험하기 짝이 없다.

칸트는 '사물 자체^{Ding an sich}'를 논리적으로 요청할 수밖에 없었다. 그러면서 이와 대립되는 이쪽의 영역을 현상계라 불렀다. 그가 말하는 현상계는 주로 자연과학적인 세계를 지칭하지만 지금 우리가 말하는 욕구나 욕망이 도구와 맺는 연관인 '복합적인 보편 상황으로서의 세계'를 포함한다고 할 수 있다. 그런 반면 칸트에게 '사물 자체'는 일체의 지성적인 판단의 구도뿐만 아니라 심지어 감각의 구도마저 넘어서 있는 것으로 제시된다. 우리 인간과 일체의 관계를 배제함으로써 성립하는 것이 칸트의 '사물 자체'다.

그런데 그런 '사물 자체'를 제시한 것만으로도 그 이후 철학사는 심한 몸살을 앓게 된다. 한편으로 보면 헤겔의 변증법은 바로 이 칸트의 '사물 자체'를 발전적으로 해소하고자 하는 데서 나온 것이라 할 수 있다. 말하자면 헤겔의 변증법적인 철학은 인간과 인간의 한계 바깥을 통일시키고자 하는 대단히 위험한 작업이라 할 수 있다.

문제는 인간을 넘어서 있다는 것을 어떻게 볼 것인가다. 만약 인간을 지성적인 차원에 한정된 것으로 본다면 인간을 넘어선다는 것은 순전한 감각 세계로 진입하고자 하는 것이 된다. 만약 인간을 지성뿐만 아니라 일체의 감각을 포함한 존재로 본다면 인간을 넘어선다는 것은 순전한 감각마저 넘어선 상상조차 불가능한 영역으로 진입하는 것이 된다. 이 양쪽 중 어디를 선택하는가에 따라 사물에 대한 이해 역시 확연히 달라진다.

그런데 일체의 감각마저 넘어서버린 '사물 자체'라고 하는 것은 논리적으로 설정할 수 있을지는 모르지만 그 자체로 보면 아무런 실질적인 의미도 갖지 않고, 사물이라는 개념에서 흔히 생각할 수 있는 일체의 성질들을 완전히 벗어나버린 것이기에 별달리 고찰할 필요가 없다고 할 수 있다.

진정 우리를 위험에 빠뜨리는 사물 자체의 영역은 욕구^{또는 욕망}와 도구의 연관, 즉 인간됨의 구도를 벗어난 영역이라 보아야 한다. 그러니까 사물 자체의 영역으로 접근해간다는 것은 들뢰즈가 말하는 것처럼 인간됨을 버리고 그 바탕인 동물의 차원으로 내려가는 것일 수도 있고, 사르트르나 메를로퐁티가 말하는 순전한 감각인 살의 차원으로 내려가는 것일 수도 있다. 말하자면 '사물 자체'의 영역으로 접근해간다는 것은 '상황으로서의 인간'에게 숨겨져 있는 '사물 자체로서의 인간'으로 내려가는 것이다. 니체의 디오니소스적인 도취 역시 이와 직결된다.

이때 사물은 감각과 구별되지 않는다. 사물은 '감각덩어리_{masse du sensible}'이고 상황을 벗어나버린 인간 역시 하나의 사물로서 하나의 감각덩어리다. 만약 우리가 사물 자체의 영역으로 하강하게 되면 사물과 인간 둘 다 '감각덩어리인 사물'로서 서로 완전히 뒤엉켜버린다. 사르트르는 존재론적으로 가장 강렬한 성질로서 '끈적끈적함'을 지적한다. 끈적끈적한 것에 발을 담그게 되면 그 발이 녹아버릴 것 같은 두려움을 갖게 된다고 한다. 끈적끈적함은 사물이 감각덩어리로서 질겅질겅 녹아내리는 것을 의미한다.

일체의 도구 및 상황의 연관을 벗어나버린 '사물 자체'의 세계는 수많은 예술가를 근원에서부터 현혹했다. 고흐$^{\text{Vincent van Gogh,}}$ $^{1853~1890}$가 인상파적인 기법을 활용하면서도 그 자체로 끈적끈적한 원색의 물감들을 덕지덕지 발라 그림을 그림으로써 뭇 인간들을 회화의 세계에 몰입하게 한 것은 고흐 자신이 바로 그런 순전한 감각으로 된 '사물 자체'의 세계에 미쳐 있었기 때문이다. 그 이후 표현주의 회화가 그런 경향을 내보이고 특히 1940년대 후반에 나타난 앵포르멜 회화가 그렇다.

지향성

후설이 창안한 철학적인 개념 중에서 가장 유명한 것이 지향성⟨불⟩Intentionalität, ⟨영⟩intentionality이다. 후설의 경우 지향성은 기본적으로 의식의 지향성이다. 후설은 "의식은 항상 무엇인가에 대한 의식"이라고 말한다. 이 명제가 바로 의식의 지향성을 정의하고 있다. 의식이 항상 무엇인가에 대한 의식이라는 이야기는 의식이 결코 실체, 즉 원리상 자신 외에 다른 것 없이 존재할 수 없음을 뜻한다. 이로써 전통적으로 특히 데카르트에 의해 제시되었던 '사유하는 사물res congitans'로서 실체라 이야기되었던 정신 혹은 영혼의 실체성은 철학사에서 삭제되고 말았다.

결국 의식정신 또는 영혼은 순전히 작용으로 취급되면서 작용할 필요가 없을 때는 현존하지 않는 것이 되고 말았다. 이를 가장 적절하게 활용한 개념이 사르트르의 대자다. 사르트르는 말한다. "대자는 존재하지 않는다. 현존할 뿐이다." 존재하지 않는다는 것은 그 자체로 결코 독자적인 실체성을 띨 수 없고 항상 상황에 따른 작용을 할 뿐이라는 것이다. 사르트르는 대자로서 의식의 작용을 부정, 무화, 초월 등으로 이야기하는데, 이는 또 다른 분석이 요구되는 복잡한 사안이다.

그런데 지향성은 대상과 짝하지 않은 의식 작용이 없다는 것에서 그치지 않는다. 대상 역시 그와 짝하는 의식 작용 없이는 성립할 수 없음을 함축한다. 다만 대상이라는 말을 사물과 혼동해서는 안 된다. 대상은 어디까지나 인식적인 판면에서의 개념이고 사물은 어디까지나 존재적인 판면에서의 개념이다. 사물을 인식 대상으로 삼을 수도 있고, 사건을 인식 대상으로 삼을 수도 있고, 기호를 인식 대상으로 삼을 수도 있고, 가치를 인식 대상으로 삼을 수도 있고, 개념을 인식 대상으로 삼을 수도 있다. 그럴 때마다 그 대상의 성격이나 존재 방식과 결부되어 떼려야 뗄 수 없이 상관관계를 맺고 있는 의식 작용들이 있다. 지각하는 의식 작용, 기호화하는 의식 작용, 가치화하는 의식 작용 등이 있는 것이다. 그 외, 예컨대 대상 의식도 있고 지평 의식도 있다.

지향성을 후설은 의식에 한정해서 보았지만 몸 철학자인 메를로퐁티는 몸과 몸이 관계를 맺는 것들 사이에서 성립하는 것으로 보았다. 그는 이를 나타내기 위해 '지향호 arc intentionnel'라는 개념을 만들었다. 지향호는 몸이 세계 내의 여러 요소와 이미 늘 동시다발적으로 감각 운동적인 의미 교환의 관계를 맺고 있음을 나타낸다. 이를 후설이 말한 의식의 지향성과 견주어보면 몸의 지향호가 바탕이 되어 의식의 지향성이 성립한다고 할 수 있다.

지향성 원리에 따르면 내가 어떤 태도를 갖느냐에 따라 내게 주어지는 대상 세계의 얼개가 달라진다. 또 내게 주어지는 대상 세계가 어떠냐에 따라 그와 관련된 나의 태도가 달라진다. 이에 세계관의 문제가 얼마나 중요한가는 불을 보듯 뻔하다.

지향성은 의식의 작용과 대상 간의 필연적인 상관관계를 나타낸다. 예컨대 내가 철학적으로 반성해서 반성하는 의식 작용을 하게 되면 그에 따라 반성된 대상이 나에게 주된 대상으로 나타날 것이다. 이른바 초월론적인 의식을 발휘하게 되면 그에 따라 초월론적인 대상의 영역이 열린다. 그러고 보면 문제는 가장 근원적이고 근본적인 의식의 태도가 무엇인가 하는 것이다. 예컨대 일상적으로 지각하는 경험적인 의식 작용이 초월론적인 의식 작용에 비해 더욱더 근본적이고 근원적인가, 아니면 그 반대인가에 대해 어떤 결정을 내리는가에 따라 엄청나게 다른 세계관이 연출된다.

요컨대 지향성은 우리 인간의 존재 자체가 얼마나 세계와 근본적으로 얽혀 있는가를 잘 말해준다. 그런데 하이데거는 전혀 지향적이지 않은 의식 작용이 있다면서 '불안^{Angst}'을 제시했다.

그리고 그 불안을 바탕으로 지향성의 관계를 넘어선 '존재^{Sein}' 개념을 구축했다. 하지만 후설의 입장에서 보면 하이데거의 존재 역시 의식의 지향성을 결코 벗어날 수 없다.

실존

하이데거의 철학을 가장 돋보이게 했던 개념이 바로 실존^{實存, (독)Exi-stenz, (영)existence}이다. 흔히 한자말에 현혹되어 '실존'이라는 용어가 진짜 존재한다고 여기면서 그 어떤 것이든 실제로 현존하는 것이면 그것들을 지칭하는 데 쓸 수 있다고 생각하기도 한다. 그뿐만 아니라 전통적인 존재론의 맥락에서 대략 '본질'과 대립해서 쓰는 '현존'이라는 것에 대해서도 같은 낱말, 즉 'existence'를 쓰다 보니까 '실존'이라고 잘못 번역하는 경우도 허다하다.

그런데 실존이라는 말은 하이데거 특유의 개념이다. 이는 하이데거가 전통적인 의미의 현존을 그 나름으로 특별한 방식으로 뜻을 바꾼 것이다. 하이데거는 인간을 '현존재^{現存在, Dasein}'라고 부른다. 이 말도 하이데거가 전통적인 의미를 자기 나름으로 바꾼 것이다. 그리고 그는 '현존재의 존재'를 일컬어 실존이라고 한다.

하이데거는 현존재인 우리 인간은 각기 자신의 존재에 대해 물음을 던진다고 한다. 예컨대 '도대체 나는 어떤 존재인가?'

하고서 끊임없이 자신에 대해 물음을 던진다고 한다. 그런 가운데 자신의 존재를 확보하고자 노력하는 것이 인간이라는 것이다. 자신의 존재, 즉 실존을 제대로 확보하거나 확보할 수 있는 태도와 그에 따른 도정을 거쳐갈 때 그런 태도를 '본래적eigentliche'이라고 한다. 그러니까 실존 개념은 본래적인 태도와 직결되어 있는 것이다.

하이데거는 본래적과 대립해서 '비본래적uneigentliche'이라는 말을 쓴다. 인간은 누구나 존재론적인 불안에 시달리게 되는데, 그 불안이 주는 섬뜩함으로부터 도피해버림으로써 자신의 존재, 즉 실존을 놓치게 되는 태도를 비본래적이라고 한다. 그리고 그때 성립하는 나의^{하이데거의 입장에서는 '나의'라고 의미 있게 일컬을 수도 없지만} 모습을 '그들das Man'이라고 하고 그런 삶의 방식을 '평균적'이라고 한다.

요컨대 실존이라는 개념은 오로지 인간에게만 적용될 수 있는 것이다. 함부로 인간 외의 다른 것들이 갖는 현존을 실존이라고 지칭하거나 번역해서는 안 된다. 정확한 개념 사용과 이를 바탕으로 한 정확한 번역은 학문적인 이론이 제대로 확립되고 올바르게 효과를 발휘하는 데 무척 중요하다. 번역에 있어서 원전의 언어에 숙달되어야 함은 물론이고 그 이론을 잘 알아야 함은 물론이다. 아울러 우리말을 능숙하게 구사할 수 있어야 한다. "번역은 반역이다"라는 말을 자신의 무능을 감추는 데 악용해서는 안 될 일이다.

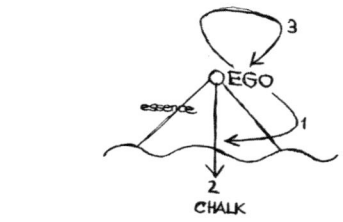

시간성

'시간성^{(독)Zeitlichkeit, (불)temporalité, (영)temporality}'이라는 말도 하이데거 철학에서 가장 먼저 크게 의미를 갖게 된 개념이다. 하이데거는 주저인 《존재와 시간^{Sein und Zeit}》에서 다음과 같이 말한다.

> 우리가 현존재라고 이름 하는 그 존재자의 존재의 의미로서 시간성^{Zeitlichkeit}이 제시될 것이다. (······) 시간이 모든 존재 이해 및 모든 존재 해석의 지평으로서 밝혀져야 하며 진정으로 개념 파악되어야 한다. 이것이 통찰될 수 있기 위해서는 시간을 존재 이해의 지평으로서 존재를 이해하는, 현존재의 존재인 시간성에서부터 근원적으로 설명하는 일이 필요하다.

하이데거는 시간성을 바탕으로 시간을 해명하지 않으면 안 된다고 말한다. 말하자면 하이데거는 인간 현존재가 근원적으로 시간성을 띠므로, 그 시간성을 바탕으로 흔히 우리가 알고 있는 시간이 성립되는 것으로 본다. 더욱 간단히 말하면 흔히 우리가 알고 있는 시간보다 인간이 존재론적으로 더 앞선다는 것이다.

하이데거는 시간성이 근본적으로 미래에서부터 성립하는 것으로 본다. 하이데거는 불안이라는 기분을 중시한다고 했다. 그는 불안을 '근본 기분'이라고 하면서 불안이 죽음으로부터 온다고 본다. 죽음은 무를 제시하는 것이고, 그래서 불안은 인간 존재가 무에 바탕을 둠으로써 성립하는 것으로 본다. 그러니까 근본 기분인 불안을 맞이하여 도피하지 않고 오히려 불안 속으로 더 깊이 뛰어듦으로써 자신의 존재를 그 어떤 존재자에도 의존하지 않고 전적으로 무에 근거한 것으로 여기고자 하는 결단을 통해 진정한 존재, 즉 실존을 확보할 수 있다고 본다.

하이데거는 이때 결단은 죽음을 내 쪽으로 앞당기는 것이고 죽음을 내 쪽으로 앞당기는 것은 미래라고 하는 시간성의 양태를 통한다고 본다. 그래서 시간성은 그야말로 우리 인간의 존재, 즉 실존을 일구는 근본 구조라는 것이다. 상당히 어려운 이야기다.

그런데 이를 이어받았다고 할 수 있는 사르트르는 주저인 《존재와 무Être et le néant》에서 "시간성temporalité을 연구하는 데 유일하게 가능한 방법은 시간성을, 그 이차적인 구조들을 지배하고 그 구조들에 나름의 의의signification를 부여하는 하나의 총체totalité로 여겨

접근하는 것이다'라고 말한다. 여기에서 '시간성의 이차적인 구조'는 과거, 현재, 미래를 말한다. 그러니까 사르트르는 하이데거가 미래 중심으로 시간성을 이해하는 것과는 달리 시간성을 과거와 현재 그리고 미래 전체를 아우르는 하나의 통일된 총체로서 이해하고자 했다. 사르트르에게 과거는 인간 존재의 현실을, 현재는 인간 존재의 현존을, 미래는 인간이 대자로서 부정·무화·초월해서 나아가고자 하는 지향점을 가리킨다. 그리고 이 전체를 통일적으로 파악한 것을 시간성이라 한 것이다.

시인 릴케는 읊었다. "주여, 때가 되었습니다. 당신의 그림자를 해시계 위에 올려놓으십시오." 여기서 때는 흔히 우리가 말하는 달력이나 시계로 표시되는 시간이 아니다. 말하자면 결정적인 시간으로서 과거와 현재 그리고 미래를 집중시키고 있는 강렬한 질적인 시간이다. 이와 비슷한 것이 니체의 '정오의 시각'이다. 일체의 그림자들이 사라지고 흔히 말하는 시간들이 갑자기 집중되면서 그 본질을 드러내는 시간이 바로 '정오의 시각'이다. 이런 질적인 시간은 바로 인간 존재와 내밀하게 결합되어 있는 시간성으로부터 성립하는 것이다. 각자에게는 언제든지 결정적인 시간이 주어져 있다. 언제 어떤 계기로 그 결정적인 시간 속으로 뛰어들 것인가가 문제일 뿐이다.

{ 8장 }

동일성과 차이, 다양성으로 하나가 되다

| 신新 존재 편 |

차이와 동일성은 현대 철학자들을 사로잡았던 대표적인 화두다. 그들의 논의는 동일성이 모든 차이의 근거라며 우주는 변화가 없는 전체라고 주장했던 파르메니데스와, 차이가 모든 동일성의 근거라며 우주는 일체의 동일성이 없는 차이들의 들끓음이라고 보았던 헤라클레이토스에게까지 거슬러 올라간다.

차이·동일성

차이差異, difference 와 동일성同一性, identity, sameness, 이 두 개념은 워낙 근본적인 것이어서 이를 둘러싼 논의도 정말 분분하다. 일상적인 경험과 그에 따른 행동 그리고 이들에 관한 사유 및 그 사유에 따른 행동 등에는 이미 우리가 알게 모르게 차이와 동일성이 작동하고 있다.

지각할 때는 시선의 초점을 맞추어 어떤 특정 대상을 주제로 삼는다고 했다. 초점을 맞춘다는 것은 한편으로 초점을 받은 대상이 초점을 받을 만하다고 여겼기 때문이다. 계속해서 초점을 받는 데는 계속해서 '저것은 바로 저것이다'라고 하는 사태가 전제되어 있다. 이를 일컬어 '동일성'이라 해야 한다. 간단하게 말하면 '이것' 혹은 '저것'이라고 하는데, 거기에 이미 동일성이 작동하고 있다.

그런데 '저것'이라고 해서 초점을 두고 바라보고 있는데, '저것'이 여러 모로 변하기 일쑤다. '저것이 변한다'는 데는 두 측면, 즉 동일성과 차이 짐이 결합되어 있고, 또 그렇게 결합되어 있어야 '저것이 변한다'라는 것이 성립할 수 있다. 한 측면은 '저것'이 계속 유지되어야 한다는 것이고 다른 측면은 '변한다'는 것이다. 줄여서 말하면 '변하는 저것'이라 할 수 있다. 변한다는 것은 시간적인 계기繼起에 따라 차이를 드러낸다는 것이다. 그러니까 내가 계속 보고 있는 '저것'이 동일성을 유지하면서 차이를 드러내는 것이다. 그럼으로써 '변하는 저것'이 성립한다.

여기에는 엄청나게 복잡한 문제들이 개입되어 있다. 우선 '저것이 변한다'라고 할 때는 그 변화를 두 가지로 볼 수 있다. '저것은 변하는데도 여전히 저것이다'라는 식의 변화를 생각할 수 있고, 또 '저것이 변해서 다른 것이 된다'는 식의 변화를 생각할 수 있다. 전자의 변화는 '저것'이 자신의 동일성을 유지하는 한에서 이루어지는 변화다. 그리고 후자의 변화는 '저것'이 자신의 동일성을 유지하지 못하고 깨지는 쪽으로의 변화다. 편의상 전자의 변화를 '자기 긍정적인 변화'라 하고 후자의 변화를 '자기 부정적인 변화'라고 지칭하기로 하자. 자기 긍정적인 변화는 자기의 동일성 자체는 건드리지 못하는 일종의 외적인 혹은 표면적인 변화이고, 자기 부정적인 변화는 자기의 동일성 자체를 위험에 빠뜨리는 일종의 내적인 변화이자 심층에서의 변화라 할 수 있다.

'자기 긍정적인 변화'와 '자기 부정적인 변화' 중 어느 것이

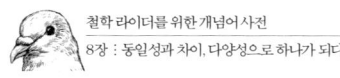

근본적인 변화일까? 물론 '근본적'이라는 것이 무슨 뜻인가를 먼저 알아야 한다. 근본적인 것은 근본적이지 않은 것에 대해 일종의 근거 역할을 한다. 근거 역할을 한다는 것은, 예컨대 실체는 그림자에 대해 근거 역할을 한다는 데서 어느 정도 짐작할 수 있는 사안이다. 근본적이라는 것과 대비되는 것은 파생적이라는 것이다. 이를 염두에 두면서 두 변화의 근거 관계를 생각해보자.

예컨대 산소 원자 한 개와 수소 원자 두 개가 합쳐지면 물 분자 한 개가 된다. 물 분자 자체에서는 산소의 성질이나 수소의 성질을 전혀 찾아볼 수 없다. 산소 원자나 수소 원자의 입장에서 보면 이는 '자기 부정적인 변화'라고 할 수밖에 없다. 또 예컨대 산소 원자나 수소 원자 혹은 물 분자를 그 자체로 보면 동일성을 계속 유지하는 한, 각기 그것들이라 할 수 있다. 그러면서 그것들은 어떻게든 약간씩 이른바 자기 긍정적이고 표피적인 변화를 수행하고 있다.

그런데 어떤가? 잘 생각해보면 자기 긍정적이고 표피적인 변화(긍표 변화로 약칭)는 자기 부정적이고 심층적인 변화(부심 변화로 약칭)가 이루어지지 않는 한, 수행되는 것이라 할 수 있다. 이제 존재하는 것들 모두에 대한 일체의 변화를 한꺼번에 염두에 두면서, 그것도 장기간에 걸친 일체의 변화를 염두에 두는 쪽으로 생각을 확대해보자. 이 일체의 변화에서는 부심 변화가 지배하는 것 같다. 그러나 부심 변화가 이루어진다고 해서 코스모스가 카오스로 변하는 것은 아니다. 부심 변화를 전체적으로 보면 지금 형태의 코스모스가 다른 형태의 코스모스로 변하는 것이다. 갑자기 어려워진다.

코스모스는 일정하게 질서가 잡혀 있는 것이고, 질서가 잡혀 있다는 것은 코스모스를 형성하고 있는 요소들이 각기 그 나름의 동일성을 유지하고 있다는 뜻이다. 그러니까 한 형태의 코스모스에서 다른 형태의 코스모스로 바뀐다고 해서 동일성을 유지하고 있는 것들이 아예 없어지는 것은 결코 아니다. 다만 동일성을 유지하고 있는 것들의 내용이 바뀐다. 말하자면 지금 당장의 코스모스에서는 긍표 변화가 지배적인 힘을 발휘한다고 할 수 있다.

지금 당장의 코스모스에는 공간적인 축, 즉 공시적인^{共時的, synchronic} 축을 할당할 수 있다. 그리고 시간에 따라 달라지는 여러 형태의 코스모스를 통틀어 볼 때 성립하는바, 다시 말해 매 순간 계기하는 코스모스에 대해서는 시간적인 축, 즉 통시적인^{diachronic} 축을 할당할 수 있다. 그러니까 긍표 변화는 공시적인 축에서 성립하고 부심 변화는 통시적인 축에서 성립한다고 할 수 있다.

그러니까 공시적인 차원에서는 동일성이 유지되는 한도 내에서 차이들이 연출된다. 그 반대로 통시적인 차원에서는 동일성이 파괴되는 한도 내에서 차이들이 연출된다. 그러고 보면 통시적인 차원에서는 오히려 차이들이 바탕이 되어 동일성이 연출된다. 공시적으로 보면 긍표 변화가 부심 변화에 대해 근거 역할을 하는 셈이고, 통시적으로 보면 그 반대가 된다.

만약 이 두 축이 결합해서 하나의 좌표계를 형성한다면 어떻게 될까? 그 좌표계에서는 동일성과 차이 중 어느 것이 특별히 근거로 작동한다고 말할 수 없는 상황이 되는 것은 아닐까? 말하자면 동일성과 차이를 두고 어느 것이 더 근본적이냐를 따질 수 없는 상황이 되지 않을까? 동일성과 차이를 두고서 어느 것이 더 근본적이냐를 따지는 것은 이른바 무식한 일이 되고 마는 상황이 되지 않을까?

그러니까 동일성이 모든 차이의 근거가 된다고 생각해서 근본적으로 존재하는 우주는 전혀 변화가 없는 전체, 즉 하나인 '일자$^{-\#}$'라고 주장한 파르메니데스도 문제고, 차이가 모든 동일성의 근거가 된다고 생각해서 근본적으로 존재하는 우주는 일체의 동일성이 없는 차이들 자체의 들끓음이라고 보았던 헤라클레이토스도 문제인 것이다. 앞에서 현존을 설명하면서 자기 동일성보다 차이가 근본이 된다고 말한 적이 있지만 그것은 맥락이 다르다는 것을 염두에 두고 다시 한번 찾아서 읽어보기 바란다. 그러면서 이 동일성과 차이의 문제를 인생을 둘러싼 여러 문제들, 예컨대 현실이나 역사 등에 적용해서 생각해보기 바란다.

다양성과 주름

 동일성과 차이와 관련해서 생각해봄 직한 중요한 개념이 하나 있다. 바로 다양성多樣性, multiplicity이라는 개념이다. 이를 존재적인 측면에서 지칭하면 다양체 혹은 다양태가 된다. 다양체보다는 다양태가 더 바람직한 용어가 아닌가 생각한다. '체體' 자를 쓰게 되면 그 말에서 풍기는 '굳건하게 유지되는 자기 자신'이라는 것을 벗어나야 하기 때문이다. 영어를 풀면 다양성은 '주름들이 많이 잡혀 있음'이다. 그러니까 다양태는 '주름들이 많이 잡혀 있는 것'이다.

 동일성과 차이 중 어느 것이 더 근본적이냐를 곧이곧대로 따지는 것은 크게 의미가 없다고 했다. 그러면서 공시적인 축과 통시적인 축을 결합한 좌표계를 생각해보아야 한다고 했다. 이 좌표계에 존재하는 것을 다양태라 할 수 있다.

 주름들이 최대한 많이 잡혀 있는 경우를 생각해보자. 예컨대 밀가루 반죽 같은 것을 반으로 접어서 누르고, 누른 것을 다시 반으로 접어서 누르고, 또다시 반으로 접어서 누르는 일을 계속

반복하게 되면 엄청나게 많은 주름이 생겨난다. 이런 과정을 무한히 수행한 상태를 생각하게 되면 무한히 많은 주름을 가진 것을 생각하게 된다. 무한 주름의 상태, 그것이 다양태의 극단적 형태라 할 수 있다.

그런데 주름은 묘하다. 잘 생각해보면 주름은 두 가지 계기가 그야말로 한데 결합됨으로써만 성립한다. 골과 마루가 연속해서 꽉 쟁여져 있는 것이 주름이다. 가장 단순한 주름은 골 하나에 마루 하나가 결합한 것이다. 골을 존재하는 것으로 보면 마루는 빈 곳이 된다. 그 반대로 마루를 존재하는 것으로 보면 골이 빈 곳이 된다. 말하자면 주름은 골과 마루 혹은 채워진 곳과 비어 있는 곳 혹은 채움과 비움이 한데 결합해서 통일된 것이라 할 수 있다. 적어도 주름에서는 두 계기 중 어느 하나 없이는 다른 하나가 성립할 수 없다. 전자의 계기를 동일성이라고 하면 후자의 계기를 차이라 할 수 있다. 요컨대 주름은 동일성과 차이가 통일적으로 결합되어 있는 기묘한 상태다.

그래서 공시적인 축과 통시적인 축이 교차해서 만들어진 좌표계, 즉 동일성을 기반으로 하는 축과 차이를 기반으로 하는 축이 교차해서 만들어진 좌표계를 통해 드러나는 것이 바로 주름이라고 할 수 있고, 그 주름을 가진 것을 바로 다양태라고 했던 것이다. 그래서 공시적인 축과 통시적인 축이 교차해서 만들

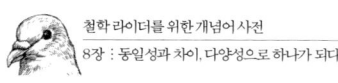

어내는 좌표계를 '다양성의 좌표계'라고 부를 수 있다. 만약 존재하는 모든 것을 다양태로 보게 되면, 그러니까 존재하는 모든 것을 '다양성의 좌표계'에 입각해서 존재한다고 본다면 여러 모로 새로운 생각을 할 수 있게 된다.

각각의 현존자들을 다양태로 보기로 하자. 그리고 그 현존자들이 서로에게 영향을 미쳐서 새로운 현존 상태로 나아간다고 하자. 하나의 다양태가 다른 다양태에 영향을 미친다는 것은 다른 다양태 내의 주름 짐의 상태를 다르게 만드는 것이라 할 수 있다. 주름져 있다는 것은 기본적으로 떨림과 파동을 자아낼 수 있다는 의미다. 다양태 내에서 주름들 간의 부닥침이 없을 수 없기 때문에 다양태 내에 떨림이 있고 그 떨림이 바깥으로 퍼져 나오는 것이 파동이다. 그래서 사실 우리는 주름을 이야기하면서 파동의 구조, 즉 골과 마루를 통해 설명할 수밖에 없었던 것이다. 코나투스는 하나의 다양태가 가능하면 동일한 떨림과 파동을 시종여일하게 자아내고자 하는 것이라 해석할 수 있다.

그런데 두 다양태가 만나 영향을 주고받는 것이 가능함은 바로 각기 다양태가 자아내는 파동에 의거한 것이다. 파동은 골과 마루로 형성되어 있는데, 그 형태에 따라서, 즉 진폭과 파장에 따라서 파동의 성격이 달라진다. 같은 성격의 두 파동이 만나면서 골과 마루가 정확하게 겹쳐지게 되면 훨씬 더 큰 진폭을 지닌 새로운 파동이 만들어진다. 혹은 이쪽 골과 저쪽 마루가 겹치게 되면 아예 서로의 파동이 상쇄되어 아주 약한 파동으로 바뀌기도 한다.

중요한 것은 파동이 주름진 다양태 속으로 파고들어 그 내부의 떨림을 다르게 만들어버릴 수 있다는 것이다. 다양태들이 만나 서로 존재에 영향을 미친다는 것은 서로가 자아내는 파동이 그 내부에까지 파고들어 떨림의 방식, 즉 주름 짐의 방식을 바꾼다는 뜻이다.

일체의 것들을 다양태들로 본다는 것은 언제든지 서로가 파동을 통해 서로에게 영향을 미침으로써 그 내부의 구조를 바꿀 수 있다는 것이다. 착암기가 계속 진동을 주면 단단한 바위마저 깨지고 말듯이 통시적인 축을 따라 다양태들은 언제든지 '자기 부정적이고 심층적인 변화'를 일으킬 수 있다. 그와 더불어 공시적인 축을 따라서는 다양태들이 자기 자신을 보존하고자 하는, 즉 동일한 떨림과 파동을 자아내고자 하는 코나투스적인 작업이 수행될 것이다.

탄성

 전체적으로 볼 때 다양태가 갖는 동일성은 임시적인 것이라 할 수 있지만 그 임시성은 그야말로 순간에 그치는 것이 아니라 최대한 긴 지속성을 유지하고자 할 것이다. 이 점에서 우리는 다양태가 갖는 동일성을 탄성彈性, elasticity이라고 말하게 된다. 탄성은 자기 아닌 것들을 맞아 자신의 존재를 유지하고자 노력하는 데서 성립하는 것이기 때문이다. 그런데 탄력은 그 속에 주름 없이는 결코 생겨날 수 없다. 자신 속에 엄청나게 많은 차이들을 구비하면 할수록 오히려 탄성으로서의 동일성이 강화된다고 할 수 있다. 결국 동일성과 차이는 탄성을 통해, 그러니까 다양성을 통해 하나로 통일된다.

 탄성은 하나의 물체가 외부의 힘에 의해 일단 변형이 일어났다가 외부의 힘이 제거되었을 때 원래의 모양으로 되돌아가려는 성질을 일컫는다. 일상생활에서는 고무나 스프링 등에서 쉽게 발견할 수 있다. 흔히 탄성을 체적탄성과 형상탄성으로 나누는데, 고무공에 들어 있는 공기를 빼면 원상태로 되돌아가는 것은 기체의 체적탄성에 의한 것이다. 이와 달리 스프링의 탄력 등은 주로 형상탄성에 의해서 일어난다. 형상기억합금이라는 것이 바로 형상탄성을 이용한 것이다. 기체나 액체는 일정한 모양이 없으므로 형상탄성이 나타나지 않지만 고체의 경우에는 형상탄성과 체적탄성이 함께 일어나며 양쪽이 함께 나타나는 경우가 많다.

외부에서 힘이 많이 가해지면 변형이 일어날 수 있다. 그리고 그 외부의 힘이 해당 물체의 탄성 한계를 넘어버리면 그 힘을 제거해도 본래의 형태로 돌아가지 않는다. 고체는 액체나 기체에 비해 탄성 한계가 크다고 할 수 있다.

그런데 힘을 받아 일시적으로 변형하는 물체는 밖으로부터의 힘을 잠재적 에너지로 저장한다는 것이 물리학에서의 이야기다. 예를 들면 스프링은 압축됨으로써 에너지를 저장하고 활은 시위를 당김으로써 에너지가 축적되므로 갑자기 힘을 제거하면 이들 에너지가 한번에 밖을 향해 분출되면서 탄성체가 오히려 힘을 발휘한다. 외부의 힘을 내부로 가져와 에너지로 바꾸었을 때 성립하는 에너지를 탄성에너지라고 한다.

이런 탄성 개념을 우리는 다양태를 통해 본 동일성과 차이에 비추어 생각해볼 수 있다. 자신의 동일성을 유지하고자 하는 코나투스는 자신에게 미치는 모든 외부의 힘을 탄성에너지로 바

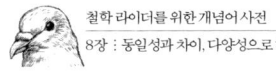

꾸어 스스로를 강화한다. 그런데 그 에너지가 저장될 수 있는 내부의 구조는 분명 주름이 아닐 수 없다. 이를 조금 더 세밀하게 생각해보면 존재하는 모든 다양태가 지니고 있는 탄성으로서의 자기 동일성은 이미 외부의 힘들에 의해 비축돈 탄성에너지에 의거한 것이라 할 수 있다. 이렇게 되면 내부와 외부의 구분조차 근본적으로는 크게 의미가 없어진다.

하지만 무조건 그렇게만 생각할 것은 아니다. '각각의 다양태'라든가 '외부의 힘'을 말할 때는 어떤 방식으로든 내부와 외부가 구분됨을 전제하기 때문이다. 중요한 것은 그 구분이 과연 어떻게 이루어지는가 하는 것이다. 여기서 문제가 되는 것은 단위 설정이다. 오대양의 바다 전체를 하나의 단위로 잡아 다양태라고 할 수도 있고 소립자 하나를 단위로 잡아 다양태라고 할 수도 있다. 그러니까 존재 전반, 예컨대 우주 전체를 하나의 다양태로 볼 수도 있다. 그것은 우주 전체를 떨림의 거대한 공장으로 보면서 파동을 자아내는 것으로 보는 것이다. 물론 그때 '그 파동이 퍼져 나가는 곳은 우주 내부인가 외부인가?', '우주 외부라면 그곳은 과연 어디란 말인가?' 하는 식의 물음을 던질 수 있다.

자, 중요한 것은 동일성과 차이를 둘러싼 논쟁은 다양태와 다양태의 탄성이라는 개념에 의거해서 해소된다는 것이다. 탄성은 자기 아닌 것들을 맞아 자신의 존재를 유지하고자 노력하는 데서 성립하기 때문이다. 그런데 탄력은 그 속에 주름이 없이는 결코 생겨날 수 없다. 자신 안에 엄청나게 많은 차이를 구비하면 할수록 오히려 탄성으로서의 동일성이 강화된다고 할 수 있다. 결국 동일성과 차이를 둘러싼 논쟁이 해소되는 것은 동일성과 차이는 탄성을 통해, 그러니까 다양성을 통해 본래부터 하나로 통일되어 있기 때문이다.

차연

 하지만 끝내 동일성을 유지하고자 하는 것이 있으니 개념이다. 개념의 동일성은 탄성으로서의 동일성이 결코 아니다. 대체로 개념은 형식적·논리적으로 볼 수밖에 없지만, 특히 개념을 형식적·논리적으로 볼 때 그렇다.

 개념이 탄성으로서의 동일성을 지니려면 개념 자체가 하나의 다양태, 즉 속에 주름이 잔뜩 진 것이어야 한다. 하지만 사유의 도구로서 개념은 그런 주름을 제거하는 것을 목적으로 삼는다. 이를 위해 개념적인 작업은 다양태들로부터 일정하게 사유의 거리를 두고 이른바 메타적인 작업을 하지 않을 수 없다.

 예컨대 탄성이라는 개념은 실제로 탄성을 지니고 있는 다양태의 공통적인 특성, 즉 탄성을 자아내는 특성을 잡아내 그 특성을 사유의 얼개 속에 집어넣은 것이다. 사유는 일종의 저장고다. 사유의 저장고는 그 구조상 주름이 없고, 따라서 떨림이 없고, 따라서 파동을 만들어내지 않는다. 만약 생각에 따라 왠지 무서운 느낌이 든다거나 깔끔한 느낌이 든다면 그것은 무로부터의 파동이 사유의 저장고로부터 감정의 저장고로 이동했기 때문이다.

이렇게 보면 사유와 감정을 아우른다고 할 수 있는 의식은 그 나름 특이한 방식으로 주름져 있는 특이한 다양태라고 할 수 있다. 다양태로서의 의식은 다양태 중에서 가장 복잡한 다양태인 몸_{뇌를 포함}과 파동을 주고받는다. 말하자면 '주름 진 다양태를 통한 파동'으로 볼 때 기실 몸과 의식은 하나의 다양태로서 외부의 다른 다양태들과 관계를 맺을 것이기 때문이다. 그래서 의식과 몸을 정확하게 구분하기가 어려운 것이고, 앞서 의식을 설명하면서 말했듯이 의식을 정확하게 규정하기가 어려운 것이다.

문제는 개념이다. 개념은 낱말들을 통해 표현된다. 형식적·논리적으로 보면 개념의 동일성은 탄성으로서의 동일성이 아니라고 했다. 형식적·논리적인 차원은 통시적인 축을 완전히 삭제해버린 상태에서 오로지 공시적인 축 위에서만 이루어진다. 그런데 통시적인 축과 결합된 이른바 '다양성의 좌표계'에서 보게 되면 개념조차 동일성을 그 자체로 유지하기가 쉽지 않다. 이를 가장 잘 나타내주는 개념이 데리다가 조성한 차연이라는 개념이다. 이를 알기 위해서는 데리다가 《목소리와 현상^{La Voix et le phénomène}》에서 원용하고 있는 후설의 시간론을 알아야 한다.

후설은 의식이 지나간 극미한 순간의 과거 상을 되잡는 파지

Retention, 의식이 극미한 순간 후에 곧 다가올 미래 상을 미리 잡는 예지Protention 그리고 지금 순간적으로 주어지는 원 인상의 포착Urimpression을 바탕으로 시간을 해명한다. 이에 덧붙여 파지가 늘어난 기억Erinnerung과 더 늘어진 재기억Wiedererinnerung 그리고 예지를 늘어뜨린 기대Erwartung 등을 활용한다. 요컨대 후설은 극미한 순간의 현재에 충전적으로 주어지는 것은 순간적인 원 인상밖에 없고 일종의 그림자 내지는 흔적인 파지와 예지를 통해 '생생한 현재lebendige Gegenwart'를 의식이 파악한다고 말한다.

데리다의 유명한 흔적trace과 차이라는 개념은 후설의 시간론에 대한 독창적인 분석에서 출발한다. 후설이 말하는 '생생한 현재'는 표현적인 기호뿐만 아니라 존재하는 모든 것이 그 나름의 의미를 지닐 수 있는 근본적인 지평으로서의 형식이다. 그런데 데리다는 '생생한 현재'라는 것이 원리상 그 속에 무한히 미세하게 연결되면서 이어지는 흔적과 차이의 연쇄임을 적발해 낸다. 이로써 일체의 표현적인 기호는 물론이고 존재하는 모든 것의 개념적인 의미와 가치의 동일성이 근본에서부터 뒤흔들릴 수밖에 없다는 것이다.

현재 주어진 것, 예컨대 동일한 칠판지우개는 파지의 파지, 즉 흔적의 흔적의 연쇄를 통해 성립하면서도 아직 예지되는 것을 기다리기 때문에 아직은 정확하게 동일한 그 무엇이 아닌 것이다. '아직 아님'은 현재의 동일한 것에 자기 부정을 만들어내는 이른바 '타이성他異性, alterité'을 심어 넣는다. '아직 아님'이라는 것은 보류, 즉 '지연하는 것différer'이다. 데리다는 "디페레différer는 시간화하다를 의미하고 '희망' 또는 '의지'의 실행과 충족을 보류시키는 우회로가 수행하는, 지연시키는 시간적 매개 과정에 의식적으로건 무의식적으로건 의지하는 것을 의미한다"라고 말한다.

그런데 흔적과 타이성은 차이의 두 계기라 할 수 있다. 차이는 '흔적의 흔적의 연쇄'를 만들어내기도 하고 '타이성의 타이성의 연쇄'를 만들어내기도 한다. 그리고 그런 것들을 통해서만 그 어떤 종류의 의미를 가진 것이라 할지라도 겨우 성립할 수 있는 것이다.

그러니까 당연히 후설이 말한 본질적 형상으로서의 의미는 근본에서부터 붕괴되면서 해체되는 것이다. 그래서 이 시간적인 차이는 일체의 의미들을 계속 지연시키면서 그 의미들의 기반인 '흔적과 흔적의 연쇄' 및 '타이성과 타이성의 연쇄'를 만들어내는 이른바 그 유명한 차연이라는 전대미문의 이름으로 불리게 된다. 1972년에 발간한 《철학의 여백들Marges de la philosophie, Les Editions de Minuit》에서 데리다는 차연을 첫 장의 제목으로 삼고 있다. 중요한 대목이라 길게 인용한다.

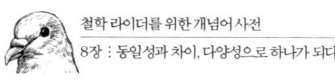

철학 라이더를 위한 개념어 사전
8장 : 동일성과 차이, 다양성으로 하나가 되다

되돌아가보자. 차연은, 현전의 무대에 출현함으로써 '현재의 présent'라고 말해지는 각각의 요소가 자기 자신이 아닌 다른 것autre chose과 관계를 맺는 한에서만 의미화의 운동mouvement de la signification이 가능하게 한다. 이때 다른 것은 지나간 요소의 표식marque을 보지保持하고 있고, 미래의 요소와 관계를 맺고 있다는 표식에 의해 이미 움푹 패 있다. 그리고 이때 흔적은 흔히들 과거라 부르는 것에 관계 맺는 것 못지않게 흔히들 미래라 부르는 것과 관계를 맺고 있다. 그러면서 흔적은 흔히들 현재라 부르는 것을 구성하는데, 이때 현재는 자신이 아닌 것과의, 즉 그런 과거와 미래와의 관계 맺음 자체에 의해 구성된다. 중요한 것은 현재가 절대적으로 자기가 아니라는 것, 즉 심지어 변양된 현재들présents modifiés인 과거 혹은 미래조차 아니라는 것이다. 하나의 간극un intervalle이 작동한다. 이 간극은 현재가 그 자신이게 하기 위해 현재를 현재가 아닌 것으로부터 분리시킨다. 그러나 현재 속에서 현재를 구성하는 이 간극은 또한 동시에 현재 자체 속에서 현재를 나눈다diviser. 그래서 이 간극은 현재와 더불어 현재로부터 생각할 수 있는 모든 것, 즉 모든 존재자tout étant를, 특히 실체 혹은 주체를 우리의 형이상학적인 언어체계 속에서 분할한다partager. 이 간극은 스스로를 구성하고 역동적으로 스스로를 나눈다. 이 간극은 사이짓기間化, espacement라 부를 수 있는 것, 시간의 공간-되기devenir-espace 혹은 공간의 시간-되기devenir-temps, emporisation다.

내가 근원-글쓰기archi-écriture, 근원-흔적archi-trace 혹은 차연이라고 부르는 것은 바로 이런 현재의 구성이다. 이 현재의 구성constitution du présent은 근원적originaire이고 비환원적이어서 단순하지 않은 종합이므로 표식들, 그러니까 과거들과 예지들의 흔적들을 통해 엄밀하게 보면 근원적이지 않은 종합이다. 차연은 동시에 사이짓기이고 시간화다.

데리다 철학의 중요한 개념들이 '고스란히 담겨 있다'고 해도 과언이 아닐 정도로 중요한 대목이다. 차연, 흔적, 간극, 사이짓기, 근원-글쓰기, 근원-흔적 등의 개념들이 들어 있다. 하지만 그 핵심은 역시 후설의 시간론에 입각한 것들임을 한눈에 알 수 있다. 물론 후설의 시간론을 곧이곧대로 옮겨온 것은 아니지만 발상에 있어서만큼은 크게 의존하고 있다.

이런 데리다의 차연 개념을 '다양성의 좌표계'에 입각해서 보면, 예컨대 그가 말하는 '사이짓기'는 '다양성의 좌표계' 자체에서 본 것이고, '시간의 공간-되기'는 공시적인 축에 비친 통시적인 축을 일컫는 것이고, '공간의 시간-되기'는 통시적인 축에 비친 공시적인 축을 일컫는다.

결론적으로 말해서 개념을 포함해서 존재하는 모든 것을, 각기 그 방식이나 성격을 달리할지라도, '다양성의 좌표계'에 존

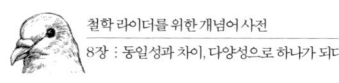

재하는 다양태로 본다는 것은 동일성과 차이에 대해 완전히 새로운 관점을 취하게 한다.

다양태로 본 두뇌·몸

이제 다양태라는 개념을 중심으로 몸과 의식의 관계를 생각해보고자 한다. 이제까지 알려진 바에 의하면 몸은 우주 내의 그 어떤 다양태보다 복잡한, 즉 주름 짐이 가장 복잡하고 다층적인 존재다. 특히 뇌 때문에 더욱 그렇다. 다들 겉보기에도 뇌에 주름이 가득 져 있다는 사실을 잘 알 것이다. 그런데 뇌 속에는 더욱 미세하고 복잡한 주름이 형성되어 있다. 뇌 속을 형성하는 주름들은 그 형상을 상상조차 할 수 없을 정도로 최고도로 복잡 미묘하다. 노벨 의학상을 받은 에델만$^{Gerald\ M.\ Edelman,\ 1929-}$은 《영리한 공기, 탁월한 불, 마음의 물질에 관하여$^{Bright\ Air,\ Brillant\ Fire,\ On\ the\ Matter\ of\ Mind}$》에서 뇌에서 시냅스들이 새롭게 형성될 수 있는 가능성의 수는 온 우주의 양전자 수보다 훨씬 많다고 말한다.

뇌의 시냅스는 시냅스 전 뉴런과 시냅스 후 뉴런이 극미한 간격을 두고 마주 보고 있는 것을 일컫는다. 시냅스 전 뉴런의 떨림이 시냅스 후 뉴런으로 전달되면 시냅스 후 뉴런이 이 떨림을 자신의 떨림으로 바꾸어 또다시 다른 뉴런에 전달하는 것이 뇌의 시냅스 전달 체계다. 몸 전체에 퍼져 있는 말초 누런^{신경}에까지 이 같은 떨림이 전달된다. 말초신경 중 구심성 신경회로를 형성하는 감각신경계는 중추신경계와 긴밀한 연락을 주고받으면서 외부 세계로부터 자극을 받아들인다. 그리고 말초신경 중 원심성 신경회로를 형성하는 운동신경계는 중추신경계와 긴밀한 연락을 주고받으면서 몸 전체의 근육들에 자극을 전달한다. 이를 통해 모든 경험과 사유 활동이 일어나고 행동이 일어난다.

몸 전체는 뇌를 중심으로 한 모든 신경 활동에 의거해서 몸 자신이 거주하는 환경을 다양태의 다발로서 재구성해낸다. 그와 동시에 그 환경에서 자신의 탄성으로서의 동일성을 유지·강화하기 위한 의식 활동 및 행동을 일으킨다. 몸은 외부의 다양태들이 발산하는 파동들^{波動}을 이미 늘 받아들이고, 또 연속적으로 분석해서 스스로가 어떤 종류와 어떤 성격의 파동들^{波動}을 발산해야 하는가를 연속적으로 결정하고 그런 파동들을 발산한다.

몸은 결국 행동을 통해 다양태로서의 자신을 표출하는데, 그 내부를 보면 신경이라는 일차적 다양태와 의식이라는 이차적 다양태를 구비하고 있기 때문에 그런 표출이 가능하다. 일차적 다양태인 신경은 감각^{외부의 다양태들로부터 오는 파동}과 행동^{외부의 다양태들을 향한 파동}을 가능하면 곧바로 연결하고자 한다. 그런데 자칫 이를 잘못 연결하게 되면 행동이 더 이상의 행동을 불가능하게 하는 자기 공격적인 방식으로 이루어질 수도 있다. 그래서 신경 활동은 필요에 따라 매개적인 다양태, 즉 의식을 발산한다. 그러니까 의식 활동은 신경 활동의 지연된 형태로서 신경으로부터 파생적으로 생겨난 것이라 할 수 있다. 그러니까 의식 활동은 신경 활동 자체를 조절하기 위한 신경 활동, 즉 자기 조절적 신경 활동이라 할 수 있다. 매 상황마다 일일이 자기 조절을 해야 하지만 이전에 받아들인 감각과 엇비슷한 것들에 관해서는 굳이 '비용이 드는' 의식 활동을 일으킬 필요가 없도록 스스로를 조절해야 한다. 그것이 바로 습관이고 이를 떠받치고 있는 몸틀이다. 그러고 보면 몸틀은 신경 활동의 구조가 말초 신경계에까지 확산된 것이라고 할 수 있다.

그래서 의식은 이제 처음으로 발동하지 않으면 안 되는 신경 활동의 파생물인 경우부터 이제까지 살아오면서 습관화해놓은 신경 활동의 파생물에 이르기까지 그 스펙트럼이 엄청나다고 할 수 있다. 경우에 따라서는 신경 활동이 의식 활동을 잘못된 방향으로 일으키는 경우도 있다. 이럴 때 신경 활동은 자신이 일으킨 의식 활동을 재점검하는 새로운 의식 활동을 일으켜야 한다. 그것이 반성이다. 그러고 보면 반성은 궁극적으로 반성하지 않아도 되는 신경 활동의 상태를 지향한 것이어서 그 자체로 보면 대단히 자기 공격적이라 할 수 있다. 말하자면 반성하지 않기 위해서 반성하는 것이다.

 몸을 우주에서 가장 복잡 미묘한 다양태라고 일컫는 까닭은 뇌를 비롯한 온몸의 신경 활동이 신경 활동 자체, 신경 활동을 검토하는 의식 활동, 의식 활동을 점검하는 또 다른 의식 활동 등을 거의 동시다발적으로 수행할 수 있는 구조를 띠고 있기 때문이다. 이 구조 전체를 관통하는 핵심 원리는 다양태로서의 주름들을 통해 일체의 파동들을 받아들이고 발산하는 것이라 할 것이다.

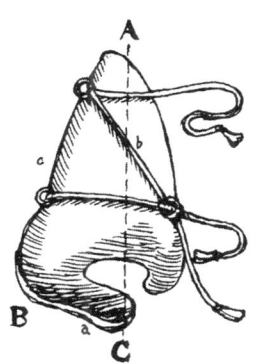

현존 벡터·수렴, 응축과 확산, 분절·흐름, 떨림, 긴장

앞에서 이미 현존을 다루었다. 이제 다양성과 주름 및 탄성을 바탕으로 다시 분석할 차례다. 현존은 철학에서 워낙 근본적인 것으로, 우리의 삶을 분석하고 새로운 삶을 기획할 때 특별히 염두에 두어야 하는 개념이기 때문이다.

현존은 자신이 아님으로써 자신으로 있고, 자신임으로써 자신이 아닌 것으로 있음을 의미한다. 이를 근원적으로 드러내는 기묘한 존재가 '지금'이다. 지금은 제아무리 극미한 순간이라도 늘 이미 지금이 아니고, 그렇게 늘 이미 지금이 아님으로써 지금이다. 지금은 가장 근원적인 현존이다.

지금은 가장 근원적인 힘과 방향을 갖는다. 말하자면 지금은 가장 근원적인 현존 벡터다. 지금은 제 스스로 자기임을 넘어서서 이미 자기가 아님을 성취한다. 또한 지금은 제 스스로 이미 자기가 아님으로써 자기임을 성취한다. 지금이 지닌 이런 성취의 힘이야말로 가장 근원적인 힘이다. 그리고 그 힘을 바탕으로 미래를 향해 나아가는바 가장 근원적인 벡터가 바로 지금이다.

그리고 지금 여기를 벗어나서는 그 어떤 것도 현존할 수 없다. 따라서 현존하는 모든 것은 근본적으로 벡터적이다. 이에 현존자를 현존 벡터라 달리 부르게 된다.

지금이 자기이고자 하는 성질은 수렴·응축의 성질이고, 지금이 자기가 아니고자 하는 성질은 확산·분절의 성질이다. 근원적으로 보면 모든 현존 벡터의 수렴·응축의 성질은 지금이 자기이고자 하는 성질에서 비롯되고, 모든 현존 벡터의 확산·분절의 성질은 지금이 자기가 아니고자 하는 성질에서 비롯된다.

수렴·응축의 방향에서는 자성(自性)이 바탕이고 그 자성의 근원은 바로 지금의 자성이다. 그런데 지금은 근본적으로 우연히 현존한다. 지금보다 더 우연적인 것은 없다. 지금은 근원적 우연성을 지닌다. 확산·분절의 방향에서는 대타성이 바탕이다. 그 대타성의 근원은 바로 지금의 대타성이다. 지금은 근원적인 대타성을 지닌다. 지금이 지닌 근원적인 자성과 근원적인 대타성의 결합인 현존 벡터야말로 가장 근원적인 현존 벡터다. 그런데 가장 근원적인 지금의 현존 벡터는 자성과 대타성을 향한 양 방향 벡터다.

지금은 벡터적인 흐름 자체다. 지금은 모든 흐름의 근원이다. 가장 근원적인 흐름은 바로 지금이다. 지금에서 보아 알 수 있듯이 흐름은 근원적으로 자기임과 동시에 자기가 아님을 의미한다. 또한 흐름은 근원적으로 자성과 대타성의 가장 근원적인 벡터적 결합이다.

공간적인 방식으로 표현하면 흐름은 걸쳐 있음이다. 자기임과 자기 아님에 걸쳐 있는 것이 흐름이다. 공간적으로 보면 지금은 자기임과 자기 아님에 걸쳐 있다. 걸쳐 있다는 것은 떨린다는 것이다. 이쪽과 저쪽에 동시에 걸쳐 있음으로써 이쪽에서 저쪽으로 그리고 동시에 저쪽에서 이쪽으로 흐르는 것이 바로 떨림이다. 떨림은 흐름의 공간적인 표현이다.

지금이라는 흐름을 공간적으로 표현한 떨림을 근원적으로 나타내는 존재가 바로 '여기'다. 제아무리 극소한 지점이라도 여기는 떨림이다. 시간적인 차원과 공간적인 차원은 구분은 가능하지만 분리될 수는 없다. 여기는 지금의 공간적인 표현이고 지금은 여기의 시간적인 표현이다. 하지만 그 근원은 지금에 있다.

지금의 극미한 흐름과 이미 늘 결합되어 있는 여기는 극소한 떨림으로 나타날 수밖에 없다. 떨림은 걸쳐 있음에서 비롯된다고 했다. 걸쳐 있음의 근원적인 형태는 자기임과 자기 아님에 동시에 걸쳐 있음이라고 했다. 여기는 여기임과 여기가 아님에 동시에 걸쳐 있음으로써 여기가 된다. 여기는 가장 근원적인 떨림이다.

여기는 떨림으로 두툼하다. 여기는 크기가 없이 위치만을 나

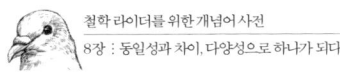

타내는 점이 아니다. 여기는 제아무리 극소하다 할지라도 그 자체가 떨림이고, 그 떨림은 상하좌우전후 모든 방위의 동시적인 떨림이다.

지금의 근원적인 흐름과 여기의 근원적인 떨림은 이미 늘 결합되어 있다. 흐름과 떨림의 결합을 긴장이라고 부른다. 떨리면서 흐르고 흐르면서 떨리는 상태가 바로 긴장이다. 흔히 말하는 시공간은 바로 긴장의 상태다. 이 긴장을 잘 나타내주는 것이 탄성이다. 가장 근원적인 시공간인 지금 여기는 가장 근원적인 긴장의 상태다. 가장 근원적인, 즉 극미하고 극소한 긴장의 상태이기 때문에 가장 근원적인 지금 여기는 긴장 자체라고 해도 무방하다. 가장 근원적인 극미한 지금이 흐름 자체이고 가장 근원적인 극소한 여기가 떨림 자체이듯이 가장 근원적인 극미 극소한 지금 여기는 긴장 자체다.

극미 극소한 지금 여기는 가장 근원적인 현존 벡터다. 흐름과 떨림 그리고 긴장은 현존 벡터를 구성하는 근본적인 요소들이다. 요소라고 할 때 '소*'라는 말에 현혹되어 고정된 원자적 내지는 입자적 성격을 끌어들여서는 안 된다.

현존한다고 일컬을 수 있는 일체의 것들은 지금 여기라고 하는 가장 근원적인 현존 벡터를 벗어나 존재할 수 없다. 그리고 가장 근원적인 현존 벡터는 자성과 대타성이라는 대립되는 두 방향을 향해 힘을 발휘하면서 하나로 통일된 운동이다. 그래서 뇌와 의식, 몸과 정신, 사회와 국가 그리고 온 우주 등 도대체 현존한다고 할 수 있는 일체의 것들은 항상 자성과 대타성을 향한 양 방향의 벡터를 통해 힘을 발휘한다.

{ 에필로그 }

개념들을 무기로 삶의 지평을 넓혀라

　철학은 하나의 특수한 이론이지만 우리 인간의 삶에 가장 근본적으로 영향을 미치는 이론이다. 이론에는 근본적으로 깔고 들어가는 개념들이 있기 마련이다. 철학이 우리 인간의 삶에 워낙 근본적으로 영향을 미치기 때문에 철학의 기초 개념들 역시 그런 위력을 발휘한다. 염두에 두어야 할 것은 철학적인 개념들이라고 해서 언제나 변함없이 그 자체로 동일성을 유지하는 것이 아니라 그 자체의 탄성, 즉 동일성과 차이의 통일성을 통해 역동적으로 힘을 발휘한다는 사실이다.
　80개에 달하는 개념들을 소개하고 설명하면서 독자 여러분의 사유를 힘겹게 한 것은 사실이다. 사유는 그저 사유에 그치는 것이 아니라고 했다. 사유는 결국 행동을 더 잘하기 위한 하나의 수단이라고 했다. 그런 만큼 어떻게 행동하는가에 따라 사유 방식은 달라질 수밖에 없다. 각자의 삶은 각자의 몫이지만 어차피 삶이란 타인들의 삶과 뒤섞일 수밖에 없음을 고려하면, 이 책을 쓴 저자의 삶 역시 타인들의 삶을 통해 비로소 이 책을 쓸 수 있었던 것처럼 이 책을 읽는 독자 여러분의 삶 역시 이 책을 통해 어느 정도나마 저자인 나의 삶과 뒤섞일 수밖에 없다. 복합 다층적인 삶의 지평이 얼마나 크게 출렁이는가를 상상하면서 그동안의 이야기를 마무리하고자 한다.

{ 인명·도서명 색인 }

ㄱ

갈릴레이Galileo Galilei 50
《감각의 논리》 118
고흐Vincent van Gogh 275

ㄴ

뉴턴Isaac Newton 50
〈논리적 귀결이라는 개념에 대하여〉 237
니체Friedrich Nietzsche 44, 174, 210, 211, 274

ㄷ

데리다Jacques Derrida 124, 125, 304, 305, 306~309
데모크리토스Democritos 49, 166
《데모크리토스와 에피쿠로스 자연철학의 차이》 166
데카르트René Descartes 84, 85, 93, 94, 103, 104, 109, 110, 151, 169
뒤샹, 마르셀Marcel Duchamp 243
들뢰즈Gilles Deleuze 19, 23, 24, 118

ㄹ

라이프니츠Gottfried Wilhelm Leibniz 88, 100
라캉Jacques Lacan 19, 248
레비나스Emmanuel Levinas 19
로크John Locke 110, 154
루소Jean Jacques Rousseau 82
릴케Rainer Maria Rilke 211, 285

ㅁ

마르크스Karl Marx 27, 119, 166
《말테의 수기》 211
메를로퐁티Maurice Merleau-Ponty 19, 95, 100, 118, 130, 177, 178, 197, 200, 201, 203, 204, 210, 268
《목소리와 현상》 304

ㅂ

백남준 243
버클리George Berkely 110, 111
베르그송Henri Bergson 19, 171
보어, 닐스Niels Bohr 156

비트겐슈타인Ludwig Witt-genstein 125

ㅅ

사르트르Jean Paul Sartre 19, 43, 60, 64, 67, 68, 72, 76, 89, 94, 118, 148, 153, 154, 161, 162, 190, 201, 240, 274, 276, 284, 285

소쉬르Ferdinand de Saussure 247, 250~253

소포클레스Sophocles 149

《순수이성비판》 70, 129, 184, 195, 213

스키너Barrhus Skinner 158

스피노자Baruch Spinoza 148, 153, 169, 170, 171, 173, 174

《시적 언어의 혁명》 46

《신통기》 17

《실천이성비판》 129

ㅇ

아낙시만드로스Anaximandros 17

아리스토텔레스Aristoteles 19, 38, 39, 49, 50, 57, 59, 60, 63, 68, 84, 85, 87, 103, 104, 117, 151~154, 170, 231, 241, 242

아인슈타인Albert Einstein 45, 156, 157, 243

에델만Gerald M. Edelman 310

에피쿠로스Epicouros 166, 167

〈오이디푸스 대왕〉 149

《이상한 나라의 앨리스》 233

《일반 언어학 강의》 250

ㅈ

제논Zenon 47, 48

《존재와 무》 284

《존재와 시간》 283

《지각의 현상학》 257

ㅊ

《철학의 여백들》 306

ㅋ

칸트Immanuel Kant 19, 70, 72, 99, 100, 101, 123, 129, 143, 146, 147, 184~186, 194~197, 200, 210, 212~214, 242, 272, 273

캐럴, 루이스Lewis Carroll 233

크리스테바Julia Kristeva 46

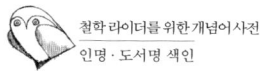

ㅌ

타르스키Alfred Tarski 237, 238

《티마이오스》 41

ㅍ

파르메니데스Parmenides 32, 47, 58, 137, 293

파블로프Ivan Pavlov 158

파스칼Blaise Pascal 96

프로이트Sigmund Freud 101, 152, 173

플라톤Platon 19, 33, 35, 36, 41~46, 48, 68, 70, 71, 76, 110, 125, 136~138, 147, 148, 152, 185, 208

ㅎ

하버마스Jürgen Habermas 130

하이데거Martin Heidegger 55, 59, 60, 63, 76, 269, 279, 280~285

《행동의 구조》 257

헤겔G. W. F. Hegel 55, 63, 64, 81, 82, 273

헤라클레이토스Heracleitos 30, 32, 293

헤르더Johann Gottfried von Herder 246

헤시오도스Hesiodos 17

호킹, 스티븐Stephen Hawking 157

홉스Thomas Hobbes 82

후설Edmund Husserl 71, 161, 197, 199, 200, 212, 214, 215, 261, 262, 267, 269, 276~279, 304~306

흄David Hume 110, 111, 113, 114, 118, 145, 146

철학 라이더를 위한
개념어 사전

지은이 | 조광제

초판 1쇄 발행일 2012년 3월 16일
초판 3쇄 발행일 2014년 9월 26일

발행인 | 박재호
기획·편집 | 민신태, 이둘숙
종이 | 세종페이퍼
인쇄·제본 | 한영문화사

발행처 | 생각정원 Thinking Garden
출판신고 | 제25100-2011-320호(2011년 11월 9일)
주소 | 서울시 마포구 양화로 156(동교동) LG팰리스 1207호
전화 | 02-334-7932 팩스 | 02-334-7933
전자우편 | 3347932@gmail.com

ⓒ 조광제 2012 저작권자와 맺은 특약에 따라 검인은 생략합니다.
ISBN 978-89-967929-2-5 03100

- 이 책은 저작권법에 따라 보호받는 저작물이므로 무단 전재와 복제를 금합니다.
- 이 책의 일부 또는 전부를 이용하려면 저작권자와 생각정원의 동의를 받아야 합니다.
- 이 도서의 국립중앙도서관 출판시도서목록(CIP)은 e-CIP 홈페이지(http://www.nl.go.kr/ecip)와 국가자료공동목록시스템(http://www.nl.go.kr/kolisnet)에서 이용하실 수 있습니다.
  (CIP 제어번호: CIP2012000940)
- 책값은 뒤표지에 있습니다. 잘못된 책은 구입하신 곳에서 바꾸어 드립니다.

만든 사람들
기획·편집 | 박재호
디자인 | 이석운, 김미연
일러스트 | 이관용